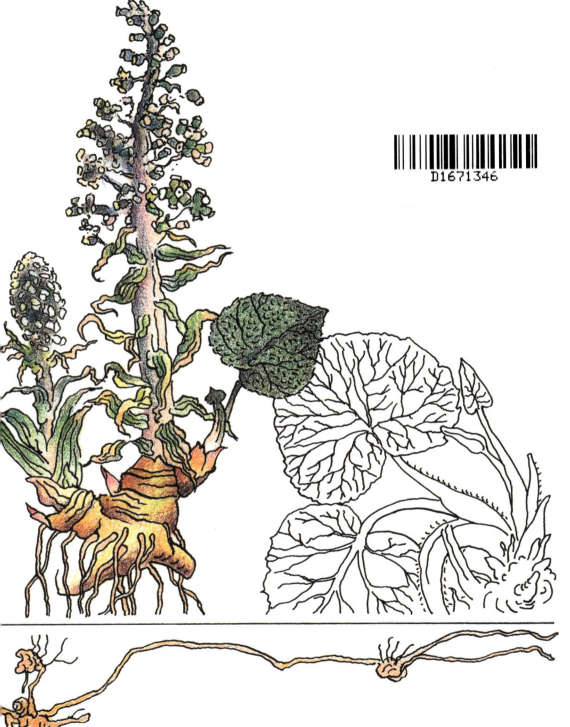

Rudolf Widmer     Pflanzen im Appenzellerland

# Pflanzen
## im Appenzellerland

Wie sie heissen
Wo sie wachsen
Wie sie zusammenleben

Rudolf Widmer

Appenzeller Verlag

| | |
|---|---|
| Copyright: | © 1999 by Appenzeller Verlag |
| | CH-9101 Herisau |
| Gestaltung: | Lukas Weber, Appenzeller Verlag |
| | CH-9101 Herisau |
| Fotos: | Rudolf Widmer, Trogen |
| | Hans Ulrich Gantenbein, Waldstatt |
| | Konrad Lauber, Liebefeld |
| | Reinhard Riegg †, St.Gallen |
| | Hanspeter Schumacher, Wattwil |
| | Markus Tobler, Walzenhausen |
| | Hans Hürlemann, Urnäsch |
| | Robert Meier, Urnäsch |
| Illustration auf Vorsatz: | Werner Meier, Trogen |
| Herstellung: | Appenzeller Medienhaus |
| | Schläpfer AG, Herisau |
| ISBN: | 3-85882-246-9 |

Nun beut die Flur das frische Grün
Dem Auge zur Ergötzung dar;
Den anmutsvollen Blick erhöht
Der Blumen sanfter Schmuck.
Hier duften Kräuter Balsam aus;
Hier sprosst den Wunden Heil.
Die Zweige krümmt der gold'nen Früchte Last;
Hier wölbt der Hain zum kühlen Schirme sich;
Den steilen Berg bekrönt ein dichter Wald.

Arie aus der Schöpfung von Joseph Haydn

# Inhaltsverzeichnis

# Einleitung

## Zu diesem Buch

Grün, grün und nochmals grün ist es, das Appenzellerland. Satt-
grüne Wiesen und schwarzgrüne Wälder prägen die Landschaft.
Keine gelben Getreidefelder, keine braunen Äcker, keine ocker-
farbig-vertrockneten Weiden bringen eine warme Farbe hinein.
Nicht einmal zahlreich blühende Obstbäume vermögen aus der
Ferne um Pfingsten herum weisse Lichter ins Grün zu setzen. Nur
Löwenzahn und Hahnenfuss färben die Wiesen vor ihrem ersten
Schnitt kurzzeitig gelb. Erst im Herbst setzen Laubhölzer, besonders die Buche, mit ihren Herbstblättern zitronengelbe, gold-
braune und kupferfarbige Tupfer zu einem Mosaik zusammen,
bevor dann der Winter eine weisse Schneedecke über die ein-
schlafende Natur legt.
  Es ist das weite Grün, das Gästen das Gefühl von Entspan-
nung, Ruhe und Sicherheit vermittelt. Wir Bewohner sehnen uns
dagegen hin und wieder nach etwas farbiger Abwechslung.
Schauen wir unser Land aber nicht aus der Ferne, vom Säntis,
Kronberg, Gäbris oder gar aus dem süddeutschen Raum über den
Bodensee hinweg, an, sondern betrachten wir den Wegrand, das
Bachufer oder die Alpweide aus der Nähe, dann entdecken wir
alle Farben des Regenbogens. Farben und Formen an mehr als
1100 unterschiedlichen Pflanzenarten lassen uns staunen.
  1850 hat der Apotheker Carl Friedrich Froelich sein Buch «Botanische Spaziergänge im Kanton Appenzell; Beschreibung der
daselbst wildwachsenden Pflanzen in systematischer Ordnung»
veröffentlicht. Auf fünf Seiten gibt er eine «Einleitung in die ört-
lichen Verhältnisse» und weitere 33 Seiten füllt die «Einleitung
in die Gewächskunde». Im Hauptteil beschreibt er rund 900 einheimische Pflanzen nach Aussehen und Vorkommen. Gelegentlich ergänzt er diese mit interessanten Anmerkungen: «Ehedem
führte man die Blätter von dieser Pflanze und manchmal auch
noch jetzt als Zutat zu verschiedenen Speisen», oder mit Präzi-
sierungen: «An der Kammhalde fand ich Individuen mit zwei-
blüthigem Stengel.» Seine Standortangaben beziehen sich vor-
nehmlich auf das Vorder- und Mittelland sowie den Alpstein. Das
Hinterland kommt zu kurz. Seit 1850 ist keine reine Appenzeller
Flora mehr erschienen. Die St.Gallische Naturwissenschaftliche
Gesellschaft gab 1881/1888 die «Kritische Übersicht über die Gefässpflanzen der Kantone St.Gallen und Appenzell» von B. Wartmann und Th. Schlatter heraus. Diese Übersicht erfasst das Ap-

# Botanische
# Spaziergänge

i m

## Kanton Appenzell.

Beschreibung

der daselbst wildwachsenden Pflanzen

in systematischer Ordnung

von

## C. Fr. Froelich.

(Sammt einer Karte vom Kanton von Zuber und sechs
Pflanzenabbildungen nach der Natur gezeichnet von
dem Verfasser.)

Trogen.
Gedruckt bei J. Schläpfer.
1850

C. Fr. Froelich,
siehe Seite 178

penzellerland in vorzüglicher Weise. Die gleiche Gesellschaft publizierte 1989 in zwei Bänden die «Flora der Kantone St.Gallen und beider Appenzell» von Heinrich Seitter. Das Werk zählt ausführlich alte und neue Standorte auf und ist eine wertvolle Fundgrube für das hier beschriebene Gebiet. Das Heft 4 des Schreibenden «Die Pflanzenwelt des Appenzellerlandes» aus dem Verlag «Appenzeller Hefte» (1966 und 1975) ist vergriffen. Die jetzt vorliegende Übersicht ist mehr als eine blosse Nachführung, es ist eine stark erweiterte Neufassung.

Während der letzten 150 Jahre hat sich im botanischen Bereich einiges verändert und ausgeweitet. Das Artenverzeichnis ist um einen Drittel grösser geworden. Einige Pflanzen sind seit Froelichs Zeiten ausgestorben, wenige sind dazugekommen. Das Anwachsen der Artenzahl ist durch Unterteilung früher zusammengefasster Einheiten und durch Neuentdeckungen begründet. Die «alte» Botanik ist durch Bereiche wie Phylogenie (Stammesgeschichte), Florengeschichte, Pflanzensoziologie, Ökologie, Biochemie und Genetik erweitert worden.

Durchschnittsbürger und Schulen haben sich in den letzten Jahrzehnten eher weniger für Pflanzenkunde interessiert. Neue Freizeitbereiche und erweiterte Lehrplaninhalte waren wichtiger geworden. Die Neugier am Werden und Vergehen der Blumen hat nachgelassen. Vielleicht verharrten die Schulen – besonders die Mittelschulen – zu lange in übertriebener Systematik-Büffelei und erstickten die Freude am Lebendigen. Gleichzeitig ist das naturwissenschaftliche Fachwissen derart gewachsen, dass die Laien den Einstieg ins Faszinierende kaum mehr finden. Die Beschäftigung mit der «scientia amabilis» der liebreichen Wissenschaft, wie die Botanik früher bezeichnet wurde – könnte aber vielen Menschen Ausgleich zum hektischen Tageslauf sein.

In diesem Buch wird versucht, Brücken zu schlagen: eine Brücke von Froelich und seiner Zeit zu heute und eine Brücke vom botanischen Fachwissen zur Neugier vieler Naturfreunde. Das Buch soll Freude bereiten und zu eigenem Schauen, Denken und Handeln anregen.

Ein wesentlicher Teil der Pflanzenkunde ist nach wie vor das Erkennen einer Art: Ist es eine Glockenblume oder ein Enzian? Welcher Enzian? Die Drucktechnik hat in den vergangenen Jahrzehnten so grosse Fortschritte gemacht, dass heute eine riesige Zahl von gut illustrierten Pflanzenbüchern auf dem Markt liegt, anhand derer man sich leicht orientieren kann. Im hier beigefügten Artenverzeichnis kann nachgeschlagen werden, ob eine bestimmte Pflanze bei uns überhaupt vorkommt oder ausgestorben ist. Viele illustrierte Pflanzenbücher haben den Nachteil, dass sie eine Auslese treffen. Oft fehlen die Alpenpflanzen, und

*Arnica scorpioides.*          *Arnica*          *montana.*

Grossköpfige Gämswurz *Arnica scorpioides* (heute *Dorocicum grandiflorum*) und Arnika *Arnica montana*. Aquarellierte Zeichnung von Johann Ulrich Fitzi (1798–1855) in J. G. Schläpfers «Lucubrationen», um 1829. Original in der Kantonsbibliothek von Appenzell Ausserrhoden, Trogen.

in Alpenpflanzenbüchern fehlen die Arten der Niederungen. Für das Appenzellerland eignet sich das neue Buch von Konrad Lauber und Gerhart Wagner «Flora Helvetica», erschienen 1996, sehr gut. Darin sind alle Schweizer Pflanzen kurz beschrieben und mit einem Foto illustriert. Die vorliegende Schrift «Pflanzen im Appenzellerland» basiert auf diesem Werk von Lauber und Wagner und erleichtert dem Leser ergänzende Vergleiche.

Wer einen Menschen liebt, will von ihm nicht bloss seinen Namen wissen: Wie lebt er, was tut er, woher kommt er, wie reagiert er? Mit den Pflanzen will ich es ähnlich halten. Im Kapitel «Appenzeller Volksbotanik» sind 30 Appenzeller Pflanzen so beschrieben, dass ihre Eigenarten und Lebensweisen lebendig werden, *gwundrig* machen und zu vertieftem Naturverständnis beitragen. Sie sind derart ausgewählt, dass möglichst viele Aspekte der heutigen Botanik und Ökologie exemplarisch ins Gespräch kommen.

Im Textteil werden die wissenschaftlichen (lateinischen) Bezeichnungen der Pflanzenarten selten genannt; in vielen Tabellen und in der «Liste der vorkommenden Pflanzen» sind sie dagegen enthalten. Die deutschen Namen sind aus der «Flora Helvetica» übernommen. Auf koordinatengenaue Standortangaben seltener Pflanzen wird aus Naturschutzgründen verzichtet. Pflanzenliebhaber erleben zudem Entdeckungen stärker und nachhaltiger, wenn sie ein Gebiet selber durchwandern und beschauen, als wenn sie Inventarpläne studieren. Das Naturerlebnis ist dann besonders gross, wenn es mit allen Sinnen, mit Augen, Ohren, Nase und Mund, wahrgenommen wird.

Nicht-Botaniker verstehen die Schreibweise der deutschen Namen vielleicht nicht immer, besonders was die Bindestriche betrifft. Sie mögen sich trösten: auch in Fachbüchern werden viele Fehler gemacht. Bei deutschen Pflanzennamen mit Bindestrich (Mannschild-Steinbrech) bezeichnet das erste Wort die Art, das zweite die (übergeordnete) Gattung. Die Reihenfolge ist umgekehrt zur wissenschaftlichen Bezeichnung (Saxifraga androsacea).

Das Buch folgt der neuen Rechtschreibung. Pflanzenbücher basieren meist noch auf der alten, weshalb gelegentlich kleine Abweichungen bei deutschen Pflanzennamen auftreten (Gämswurz/Gemswurz).

Rudolf Widmer, Trogen

*Plantago alpina* L.

Alpen-Wegetritt, Wegerich, Nadelgras.

Classis IV. Ordo I. Fam. Plantagineae Sec.

a Blühendes Pflänzchen. b. Blaetter untere und obere Seite vergr.
c Kelchtheile v. d Krone von unten und oben mit Staubgefaessen v.
e Frucht halbreif v. f. Kapsel aufgesprungen mit Samen v. g. Samen.
Auf fast allen Alpweiden zahlreich anzutreffen, wo er vom Juli bis
in den August blüht. ♃

Alpen-Wegerich *Plantago alpina*. Aquarellierte Zeichnung von Carl Friedrich Froelich (1802–1888). Original in der Kantonsbibliothek (Vadiana), St.Gallen.

## Das Land Appenzell

415 Quadratkilometer gross ist das Land Appenzell, ein Hundertstel der Schweiz. Es liegt zwischen dem Bodensee, den es knapp nicht erreicht, und dem 2500 Meter hohen Säntis. Sämtliche Höhenstufen sind vertreten, die kolline bis etwa 600 Meter, die montane bis 1200 Meter, die subalpine bis 1800 Meter und die alpine über der Waldgrenze. Dank des Blauen Schnees, einem kleinen Gletscher unter dem Säntisgipfel, ist sogar die nivale Stufe vorhanden. Sämtliche Dorfzentren stehen in der montanen Stufe, also im Berggebiet. Das Land als Ganzes ist nordwärts geneigt, doch ergeben drei markante Hügelzüge gut besonnte Südhänge: Hochalp-Petersalp-Kronberg-Hirschberg, Hochhamm-Hundwilerhöhe-Saul-Gäbris-St.Anton und Sitz-Rechberg-Eggen-Kaien.

Im Alpstein bilden verschiedene Kalke der Kreidezeit den Untergrund. Die Fänern mit ihren weichen Formen ist aus Flysch aufgebaut. Davor, im Hügelland, bilden zu Molasse gepresste Trümmergesteine aus der Zeit der Alpenfaltung übereinanderliegende Schichten. Je nach Korngrösse sind es Mergel, Sandstein oder Nagelfluh. Diese Schichten sind zum Alpstein hin zunehmend aufgerichtet, gefaltet und gar übereinander geschoben. Über Ebenen und in Senken liegen eiszeitliche Ablagerungen unter der Humusschicht. Entgegen früherer Auffassung stammen diese Moränen alle aus der letzten Kaltzeit. Auf ihnen entwickelten

**DIE BODENNUTZUNG IM APPENZELLERLAND**

| | Gesamtfläche | Wälder u. Gebüsche | Landwirtschaftliche Nutzfläche | Siedlungen | unproduktiv |
|---|---|---|---|---|---|
| | km² | % | % | % | % |
| Ausserrhoden | 243 | 34 | 58 | 7 | 1 |
| Innerrhoden | 172 | 31 | 58 | 3 | 8 |
| Beide Halbkantone | 415 | 32 | 58* | 5 | 4 |
| Schweiz | 41293 | 30 | 38 | 6 | 26 |

* Inkl. Acker-, Reb-, Obst- und Gartenbau (1% der Gesamtfläche), sowie Alpweiden (AR 7%, IR 21%)

Quelle: BFS – Bodennutzung nach Kantonen 1983/84. (Neue Zahlen werden 1999 erhoben. In den vergangenen 15 Jahren hat die Waldfläche im Appenzellerland weiter zugenommen.)

# Die Höhenstufen

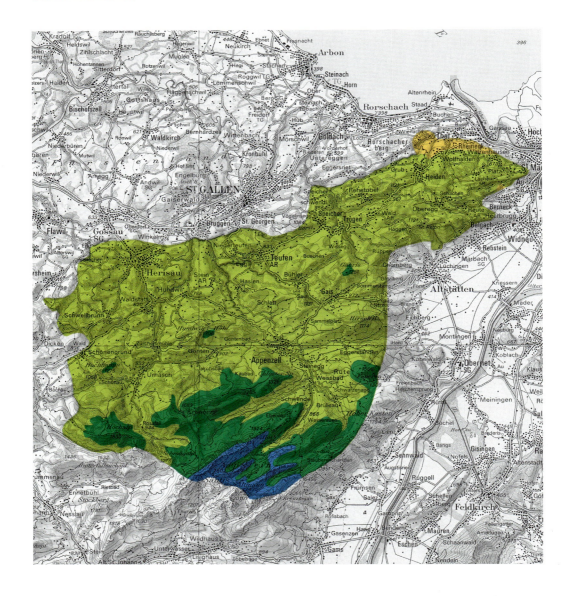

| | Kolline Stufe | unter 600 m |
|---|---|---|
| | Montane Stufe | 600–1200 m |
| | Subalpine Stufe | 1200–1800 m |
| | Alpine Stufe | über 1800 m |

Auf Seite 16 und 17:
Eine frühsommerliche
Wiese bei Schwellbrunn.

sich seither vorwiegend saure Braunerden verschiedener Prägung.

Die jährliche Regenmenge ist relativ hoch und die mittlere Temperatur eher gering. Im überbauten Gebiet fallen jährlich zwischen 130 und 150 Zentimetern Niederschläge pro Quadratmeter, gegen den Alpstein hin etwas mehr und auf dem Säntis 250 Zentimeter. Die mittleren Januartemperaturen liegen im ganzen Gebiet unter dem Gefrierpunkt, was die Vegetationsentfaltung einschränkt und das Fehlen frostempfindlicher Pflanzen erklärt. Im Sommer steigen die mittleren Tagestemperaturen in den Dörfern nur auf rund 16 Grad, auf dem Säntis auf knapp 6 Grad.

Wiesen, Wälder und Weiden bedecken über 90 Prozent des Landes. Acker- und Weinbauflächen sind flächenmässig unbedeutend. Die Rebareale messen in Ausserrhoden nur etwa 3 Hektaren, in Innerrhoden weniger als eine Hektare; trotzdem sind ihre Weine bekannt und begehrt. Grosse stehende Gewässer fehlen; im Alpstein liegen drei kleine Seen.

Das Land Appenzell ist eine geschichtlich-politische, aber keine topografische und auch keine pflanzengeografische Einheit. Das Alpsteingebirge teilen sich Innerrhoden und Ausserrhoden mit dem Kanton St.Gallen. Im Westen ist die Grenze zum Toggenburg floristisch unscharf und fliessend. Das st.gallische Fürstenland und der Raum St.Gallen-Rorschach unterscheiden sich

Das Appenzellerland
zwischen Säntis und
Bodensee.

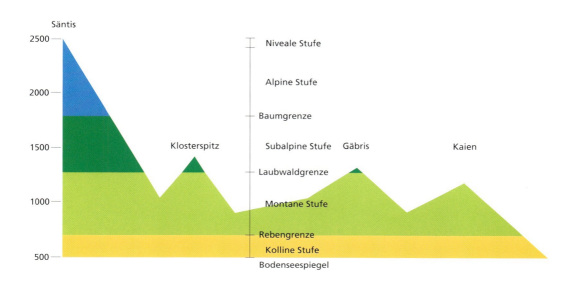

ebenfalls nicht wesentlich von den angrenzenden Appenzeller Regionen. Die äussersten östlichen Teile des Landes Appenzell zeigen Einflüsse der Rheintalvegetation. Die Beschäftigung nur mit der Appenzellerflora ist ein Stück «Kirchturmpolitik»; diese hat aber ihre guten und schönen Seiten und gehört zur «Heimatkunde».

In der «Flora Helvetica» sind genau 3000 Pflanzen beschrieben und abgebildet, wobei fast 200 Kulturpflanzen aufgenommen sind, die selten oder nicht dauerhaft verwildern (z.B. Mandelbaum, Tomate, Flieder, Basilikum, Sonnenblume). Die Liste der vorkommenden Pflanzen (vgl. Seite 163ff) umfasst 1210 Namen, wobei 73 davon als ausgestorbene Arten gelten. Im Appenzellerland fehlen vor allem Pflanzen der Alpensüdseite, der warmen Gegenden des Tessins und Unterwallis, viele Silikatfels-Vertreter sowie zahlreiche Wasser- und Uferpflanzen. Vereinfacht kann festgestellt werden, dass im Appenzellerland etwa die Hälfte aller Gefässpflanzen wächst, die in der Schweiz nördlich des Alpenkammes bekannt sind. (Gefässpflanzen sind die Farngewächse und die Blütenpflanzen). Moose und Algen sind nicht berücksichtigt.

«Seiner Gebirgsnatur und hügeligen Beschaffenheit wegen hat das Land keine grossen Thäler, aber unzählige Klüfte, Schluchten und enge Bergthäler. In den meisten derselben befinden sich einzelne Wohnungen, Wasserwerke, Weiler und Dörfer; aber nirgends findet sich eine Ebene, wo die sämmtliche militärische Mannschaft des Kantons manövrieren könnte...», schreibt Gabriel Rüsch 1835.

# Das Werden der heutigen Pflanzenwelt

### Berge und Hügel erheben sich

Mächtige Kalkschichten lagen einst auf einem Meeresboden. Langsam wurden sie wie von Backen einer Schraubzwinge zusammengedrückt, verbogen, in die Höhe gestemmt und zerbrochen. Jetzt bilden sie den Alpstein. Die Kalke bergen Reste von Meerestieren, aber keine Spuren höherer Landpflanzen. Während der langen Zeit der Alpenfaltung setzte auch schon die Verwitterung ein. Urflüsse trieben Geschiebe und Geröll von weit her in ein Restmeer oder Süsswasserbecken. Die daraus entstandene Molasse blieb nicht flach liegen, sondern wurde ebenfalls gepresst, gehoben und verbogen. Sie bildet die Unterlage des appenzellischen Hügellandes. Diese Nagelfluh-, Sandstein- und Mergelschichten enthalten oft Reste von Meerestieren (Meeres-Molasse) oder von Pflanzen (Süsswasser-Molasse). Es ist ein abenteuerliches Unternehmen, versteinertes Holz oder Blattabdrücke von subtropischen Bäumen systematisch zuzuordnen und daraus auf einstige Lebensgemeinschaften zu schliessen.

Blattabdruck im Sandstein der unteren Süsswassermolasse. Etwa 28 Millionen Jahre alt. Trogner Wissegg.

## Vom Gletschereis zum Ur-Wald

Vor 18 000 Jahren lag noch eine mächtige Eismasse über dem heutigen Appenzellerland. Vom Alpstein bis über den Bodensee hinaus waren Hügel und Täler zugedeckt, und nur die Spitzen des Kronberges und der Hundwilerhöhe zeigten im Sommer grüne, eisfreie Stellen. Zu dieser Zeit beginnt die appenzellische Florengeschichte: Welche Pflanzen trotzten der Unbill der letzten Eiszeit und konnten sich in geschützten Nischen über den Eisströmen des Rhein- und Thurgletschers am Säntis oder seinen höchsten Nachbarbergen festhalten und sich später wieder ausbreiten? Woher und in welcher zeitlichen Reihenfolge sind nach dem Abschmelzen des Eises alte und neue Pflanzen ins Appenzellerland eingewandert?

Über Zahl und Art der Pflanzen, welche die Eiszeiten auf den höchsten Gipfeln des Alpsteins überdauert haben könnten, ist man unterschiedlicher Auffassung. Während einige Forscher lange Listen möglicher Arten zusammenstellten, machen andere viel kürzere. Zu diesen Reliktpflanzen gehören Flechten und wahrscheinlich Farne, Zwerg-Wacholder, niederwüchsige Weiden, Hornkräuter, Felsenblümchen (Draba), Mannsschild, Steinbreche, Enziane, Greiskräuter, Seggen und Gräser. R. Hantke und H. Seitter publizierten 1985 ein Verzeichnis mit 265 Arten, die mögliche Relikte sein könnten. Wahrscheinlich gibt es Pflanzen, die nur die letzte Kaltzeit im Alpenraum überlebt haben.

Eisfrei gewordene Flächen sind von Pflanzen wiederbesiedelt worden, die im nicht vergletscherten Mitteleuropa zusammengepfercht lebten, oder die nach und nach aus andern Himmelsrichtungen, besonders aus Südwest und Südost, nachgewandert sind. Mit zunehmender Erwärmung entstanden Pioniergesellschaften mit Flechten und Gräsern; ihnen folgte eine tundraartige Strauchvegetation mit Birken, Weiden und Wacholder und diese wurde von Föhren-Birkenwäldern mit viel Hasel abgelöst. Vor rund 4000 Jahren endete die natürliche Waldentwicklung mit den Buchenmischwäldern, in der hiesigen montanen Stufe zunehmend mit Tannen durchsetzt. Über 1200 Metern hatten sich Fichten- und Leg-Föhrenwälder angesiedelt. Die Sukzession (Entwicklungsreihe) hatte ihren Höhepunkt – ihre Klimax – erreicht.

Dieser Ablauf der Waldentwicklung erfolgte in den verschiedenen Höhenlagen zeitlich hintereinander: zuerst am Bodensee und dann immer weiter hinauf, entsprechend der Entfernung zu den abschmelzenden Gletschern. In den vergangenen 18 000 Jahren sind die Temperaturen um 8 Grad Celsius angestiegen. Zeitweise erfolgte die Erwärmung schnell, zeitweise langsam, und kleine Rückschläge sind ebenfalls nachweisbar.

Das Säntis-Vorland zur
Zeit der grössten Vergletscherung. Kronberg und
Hundwiler Höhe ragen
über die Eisfläche hinaus.
Zeichnung des Trogner
Geologen Hermann Eugster um 1950.
(Nach heutigen Erkenntnissen verliefen die
Moränen etwas anders.)

Die Schilderung der Waldentwicklung zeigt einen Mittelwert.
Auf Moränen und auf Flussablagerungen konnten Bäume rascher aufwachsen als auf kompakten Molasseböden, wo sich erst
einmal genügend Humus bilden musste. Sümpfe zeigen im Detail andere Entwicklungsschritte als trockene Böden.

Nochmals zurück zum Woher am Beispiel der drei häufigsten
Waldbäume; alle drei sind vor rund 7000 Jahren ins Appenzellerland zurückgekehrt: die Buche aus Westen dem Jura entlang,
die Tanne ebenfalls aus Westen, aber mehr den Tälern entlang,
und die Fichte aus dem Balkan dem nördlichen Alpenrand entlang. Die Rückwanderbewegung vieler Pflanzen von der Donau
zum Alpstein lässt erkennen, dass Alpenpflanzen im Hügelland
und sogar im Schaffhausischen Relikte dieser Wanderung sind
und nicht aus den Alpen ins Vorland hinausgeblasen wurden.
Ausnahmen bestätigen die Regel: Wenn beispielsweise eine weisse Alpen-Anemone zwischen 1966 und 1992 an der Hohen Buche
ein ihr zusagendes Plätzchen gefunden hat, ist sie mit grosser
Wahrscheinlichkeit aus Samen hervorgegangen, die der Föhn
dorthin getragen hat.

Im Verlauf der zweieinhalb Millionen Jahre seit Beginn der
Eiszeiten haben viele Pflanzen in ihren Überlebensräumen oder
auf ihren Wanderschaften mutiert. Es entstanden neue Arten,
neue Unterarten und Sippen mit neuen Möglichkeiten der An-

passung und Behauptung. Die Veränderungen erklären Unterschiede zwischen arktischen und alpinen, europäischen und asiatischen Verwandten, die aus gleichen Urahnen herausgewachsen sind. Man bedenke die lange Dauer: Die Eiszeiten setzten vor rund zweieinhalb Millionen Jahren ein. Die Abschmelzzeit nach der letzten grossen Vereisung, dem Würm, und der Aufbau der neuen Vegetation dauerten weniger als ein Hunderstel davon. So wie sich in mehr als zwei Millionen Jahren der Ur-Mensch zum Homo sapiens entwickelt hat, so konnten sich auch Tiere und Pflanzen verändern.

## Dann kamen die Alemannen

Die ersten Menschen im Bodenseeraum, Jäger und Sammler der Alt- und Mittel-Steinzeit, veränderten die Vegetation noch kaum. In der Jung-Steinzeit wurden sie aber sesshaft und betrieben Ackerbau. Waldteile wurden gerodet und Äckerchen bestellt. Gerste, Weizen, Lein sowie Gemüse, Bohnen und Linsen sind nachweisbar angebaut worden. Aber auch diese Menschen der Bronze- und Eisenzeit veränderten die natürliche Pflanzendecke noch nicht grossflächig. Das spätere Appenzellerland blieb bis dahin völlig unbesiedelt. Unter der römischen Herrschaft (bis

Waldarme Hügel nördlich Appenzell. Zeichnung von Johann Ulrich Fitzi um 1820. Original in Privatbesitz.

400 nach Christus) und mit den eingewanderten Alemannen (250–750 nach Christus) begann die erste grosse Umgestaltung des Landschaftsbildes: Rodungen setzten auch im Appenzellerland ein.

Die Römer bauten eine gepflasterte Strasse durch das Thurtal nach Arbon und Bregenz. Im heutigen Appenzellerland sind zwar keine römischen Siedlungen nachgewiesen, aber von weit her geführte Kulturpflanzen der Römer haben später dennoch das Gebiet erreicht: Birn-, Walnuss- und Zwetschgenbaum, Weinrebe samt Unkräutern und viele Heilpflanzen.

Die Alemannen kannten gemeinschaftlich genutze Allmenden und Waldgebiete.

Beim Ackerbau unterschied man zwei Systeme: Die Egarten- und die Dreifelderwirtschaft in drei Zelgen. Bei der Egartenwirtschaft wurde ein Stück Land gerodet und während einiger Jahre bebaut, dann als Weide benutzt und umgekehrt. Diese Art der Landwirtschaft war vor allem in voralpinen und alpinen Gegenden verbreitet, so wohl auch im Appenzellerland. Im Mittelland herrschte die Dreifelderwirtschaft mit der Rotation von Sommergetreide, Wintergetreide und Brache auf je einer Zelge vor. Eine besondere Stellung kam dem Wald zu. Dieser war im Gegensatz zu heute in die landwirtschaftliche Nutzung einbezogen. Er diente nicht nur als Holzlieferant, sondern wurde mit Rindvieh, Ziegen und Schweinen beweidet. Laub und Geäst wurde zusätzlich zum Heu als Futter gesammelt.

In schriftlichen Dokumenten des ehemaligen Klosters St.Gallen, zu dessen Herrschaftsgebiet bis nach den Appenzeller-Kriegen auch das Appenzellerland gehörte, kann einiges zur Entwicklung der Landwirtschaft gefunden werden. Die Abgaben, die Bauern dem Kloster für das ihnen überlassene Land leisten mussten, bestanden um 1200 aus Schmalz, Käse, Fleisch und Geld. Nur vereinzelt wird Getreide erwähnt. Daraus ist zu schliessen, dass bereits damals die Viehhaltung im voralpinen Gebiet vorherrschte. Der Anbau von Hafer und Dinkel, später auch von Gerste, Roggen und Weizen, diente in erster Linie der Selbstversorgung. Zeitweise wurde versucht, mit dem Anbau von Hanf zur Fasergewinnung Geld zu verdienen.

J. Gaudin vermerkt 1833 für Innerrhoden: «Seine Bürger widmen sich fast ausschliesslich der Viehzucht und der Alpwirtschaft; andere Beschäftigungen sowie die meisten Annehmlichkeiten des Lebens sind ihnen fremd, und das in einem solchen Masse, dass sie vor der Jahrhundertwende noch nicht einmal mit dem Anbau von Kartoffeln begonnen hatten.» Um 1817 wurde in Innerrhoden bereits jeder Bauer bestraft, der nicht einen Zentner Kartoffeln erntete.

Die Entwaldung hatte zeitweise enormen Umfang angenommen. Die Erkenntnis, dass der Wald als Ressource nicht völlig verschwinden darf, hat erst im vergangenen Jahrhundert in Gesetzen ihren Niederschlag gefunden. Denn abgeholzte Flächen halten Niederschlagswasser schlecht zurück. Häufige, schadenstiftende Überschwemmungen nach Gewittern und langen Regenperioden waren eine der Folgen.

Die Alpwirtschaft scheint schon früh ein fester Bestandteil der Viehwirtschaft gewesen zu sein. Zum Besitz der neu gegründeten Kirche von Appenzell 1071 gehören unter anderen die Alp Soll, die Meglisalp und die Potersalp. Die Tiersömmerung auf den Alpen erlaubte es den Bauern, in ihrem *Heimet* das Gras wachsen zu lassen und Heu für den Winter einzutragen.

Mit der Abholzung und der Bewirtschaftung der Wälder sind einige Pflanzen früherer Epochen auf schwer zugängliche Stellen verdrängt worden und zum Teil ausgestorben. Die Beweidung erschwerte oder verunmöglichte die Waldverjüngung. Andererseits hat der Ackerbau Fremdlinge zugeführt und vielen, vorher versteckten, einjährigen Arten Gelegenheit zur Massenentwicklung als Unkräuter verschafft. Auf den Alpen vermochten Bergblumen neue, tiefer gelegene Areale des einstigen Waldes zu besiedeln. Da die Alpungszeit auf den Sommer beschränkt ist, konnten besonders Frühblüher gut gedeihen; auch die Zeit nach der Alpentleerung gestattete einigen Pflanzen die Herbstsonne zu nutzen, um sich zu behaupten.

## Der moderne Mensch bringt vieles durcheinander

Auch im Appenzellerland hat der Mensch das Landschaftsbild sichtbar verändert. Die dichte Besiedlung, die Ansprüche an Wohnen, Arbeitsplätze und Verkehr haben in Ausserrhoden sieben Prozent, in Innerrhoden drei Prozent der Gesamtfläche zu Siedlungsgebiet gemacht. Diese Zahlen stammen aus dem Jahr 1983; bis 1999 ist der Anteil noch gestiegen. Stets wachsender Wohnbedarf liess neue Häuser und Wohnquartiere, Gewerbe- und Fabrikbauten entstehen. Strassen und Plätze frassen sich in grüne Kulturflächen. Starkstromleitungen überziehen Hügel und Täler. Sendetürme setzen neue Akzente in der Landschaft. Es sind einzelne schöne Lebensräume von Pflanzen und ihren Begleitern geopfert worden, doch fehlen sie nicht ganz. Raumplanung ist zur öffentlichen Aufgabe geworden.

Die heutige Lebensart mit ihren Emissionen führt zu Luftverschmutzung und saurem Regen. Deren Auswirkungen sind erst ansatzweise bekannt. Breite und stark befahrene Strassen mit

Technische Einrichtungen zerschneiden die Landschaft.

Wunden in der humusarmen Haut auf der Nagelfluh, durch Düngung verursacht. Sonnenhalb bei Appenzell.

Hartbelag verhindern beispielsweise die Samenverbreitung durch Schnecken und Ameisen. Die Zersiedelung hat Lebensräume von Wild und teilweise von Vögeln vermindert und teilweise unbewohnbar gemacht; die Folgen für die Pflanzenverbreitung sind schwer abzuschätzen.

Dem gegenüber hat die Pflanzenvielfalt in den Gärten, Biotopen und Parkanlagen zugenommen. Gartenprospekte bieten eine riesige Auswahl an veredelten Sorten und schönen Exoten an. Sogar einst fast verschwundene Unkräuter finden hier einen neuen Platz (z. B. Klatsch-Mohn). Gartenpflanzen können mit Samen, Ablegern oder mit Kompost ihren Pflegern entweichen und verwildern; Cotoneaster, Johannisbeeren oder Schneeglöckchen sind Beispiele dafür. Kulturfolger wie der *Spatz* (Sperling) sind Ersatzverbreiter: Was sie (und andere Vögel) aus von Menschen dargereichtem Futter an Samen verteilen, ist nicht unerheblich. Über Veränderungen in der Landwirtschaft durch neue Nutzungsformen wird im Kapitel «Wiesen» (vgl. Seite 56ff) berichtet.

## Neubürger und Gäste

Botaniker nennen Neubürger und Gäste Adventiv-Pflanzen: Hereingekommene. Sie gehören nicht zu den alteingesessenen Arten, sind erst in den vergangenen Jahrzehnten aus der übrigen Schweiz, europäischen Ländern oder fremden Kontinenten zugewandert. Ihre Samen sind mit Stroh, Verpackungsmaterial, fremdem Saatgut oder Vogelfutter zufällig eingeschleppt worden oder aus Gärten, auch botanischen, entflohen.

Pflanzen, die sich über Jahre hinweg halten können und sich selbständig weitervermehren, werden Neubürger genannt.

Wer nur kurzfristig irgendwo keimt und wächst, bald aber verdrängt wird oder sich nicht vermehren kann, gehört zu den Gästen.

Neubürger und Gäste sind nicht immer leicht auseinanderzuhalten, weil niemand die «Einbürgerung» dokumentiert. Es ist auch zu bedenken, dass Kurzzeit-Aufenthalter oft übersehen werden oder schwer zu bestimmen sind und nicht «aktenkundig» werden.

A propos «aktenkundig»: Es gibt keine offizielle Meldesammelstelle für Pflanzen-Neuentdeckungen in den beiden Halbkantonen. Fundmeldungen werden meist mündlich weitergegeben. Selten gelangen sie ins Naturhistorische Museum St. Gallen oder als Herbarbelege in eine private Sammlung. Botaniker geben ihre gesicherten Beobachtungen seit kurzem dem Zentrum

## BEISPIELE VON NEUBÜRGERN UND IHRER HERKUNFT

| | |
|---|---|
| **Japanischer Staudenknöterich** | Japan, seit 1824 in Europa, seit etwa 1960 an wenigen Stellen im Appenzellerland |
| **Wilde Malve** | Europa, erstmals 1920 im Appenzellerland notiert, alte Medizinalpflanze |
| **Kleinblütiges Springkraut** | Sibirien, seit 100 Jahren in der Ostschweiz |
| **Drüsiges Springkraut** | Himalaja, seit 1920 in der Schweiz, seit etwa 1965 im Appenzellerland |
| **Zimbelkraut, Mauer-Leinkraut** | Mittelmeerraum, seit langer Zeit weit verbreitet im Appenzellerland |
| **Feinstieliger Ehrenpreis** | Kaukasus, seit etwa 1960 in vielen Appenzeller Rasen |
| **Spätblühende Goldrute** | Nordamerika, seit 1748 in Europa, 1960 erstmals im Appenzellerland notiert |
| **Bewimpertes Knopfkraut** | Süd-Amerika, seit 1794 in Europa, seit etwa 1960 im Appenzellerland |
| **Strahlenlose Kamille** | Ostasien und Nordamerika, seit über 100 Jahren im Appenzellerland |
| **Wasserpest** | Amerika, im Appenzellerland nur weibliche Exemplare; auch im Fälensee |
| **Zarte Binse** | Nordamerika, seit 1824 in Europa, auf Appenzeller Rietwiesen verbreitet |

## BEISPIELE VON GÄSTEN
1918 78 adventive Pflanzen auf dem Bahnhofareal von Herisau gezählt

| | |
|---|---|
| **Wilder Reis** | 1938–1980 (?) am Saumweiher bei Herisau, vermutlich wieder verschwunden |
| **Einjähriger Ziest** | 1956 beim Bahnhof Urnäsch |
| **Skorpion-Kronwicke** | 1960 bei Stein |
| **Blassgelber Lerchensporn** | 1961 bei Walzenhausen |
| **Aufrechtes Traubenkraut** | 1965–1998 in Urnäsch, Hundwil, Teufen und Speicher |
| **Gelbe Resede** | 1987 am Gäbris |
| **Grasschwertlilie** | 1988 und 1994 in Teufen (Hauteten) und Waldstatt; aus Nord-Amerika |
| **Silberling (Garten-Mondviole)** | 1994 am Gäbris |

des Daten-Verbundnetzes der Schweizer Flora weiter. Planungs-
büros erfassen ihrerseits professionell Pflanzendaten, zum Teil
durch Auswertung von Luftbildern. So wertvoll die gewonnenen
und computerisierten Inventarlisten sind, die Natur als lebende
Gemeinschaft erfassen sie wenig.

Neben von weither stammenden Neubürgern gibt es auch
solche aus der Nachbarschaft. Kitaibels Zahnwurz (Cardamine ki-
taibélii) ist vor 1888 bei Schwellbrunn einmal beobachtet worden. Seither fehlen Meldungen, obwohl die Pflanze im Toggenburg verbreitet ist. Erst in den vergangenen Jahren ist die Art in
Schönengrund und bei Waldstatt wieder erkannt worden. Kitaibels Zahnwurz ist ein Neubürger mit einstmaligem Gastrecht.

Das Grosse Fettkraut (Sedum teléphium) zählte im letzten
Jahrhundert nicht zur Appenzeller Flora. Im Rheintal und im
Fürstenland war es bekannt. 1963 und später wurde es in Ober-
egg und Walzenhausen, 1977 in Haslen-Schlatt und 1996 erst-
mals in der Zürchersmühle festgestellt. Dieses Fettkraut ist ein
Neubürger.

Das Zimbelkraut
stammt ursprünglich aus
Südeuropa und hat sich
eingebürgert; es ist ein
Neubürger: ein Neophyt.

## Ausgestorbene Pflanzen

In den vergangenen 150 Jahren sind etwa 70 Pflanzen im Appenzellerland ausgestorben. In der Liste aller vorkommender Pflanzen sind sie vermerkt.

Bedauerlich ist der Verlust ganzer Lebensräume. Es sind in erster Linie Feuchtstandorte, die wegen Meliorationen und Bachverbauungen verloren gegangen sind. Fast 30 Arten kommen deshalb im Appenzellerland nicht mehr vor: Die Helm-Orchis war früher am Hirschberg, bei Gonten und Teufen heimisch, der Sanddorn in den einstigen Auen im Weissbad.

In früheren Äckern sind allerhand, meist einjährige Unkräuter gewachsen, die heute kaum mehr zu finden sind. Es handelt sich um etwa 15 Arten, die fehlen. Bekannt sind der Hasen-Klee, um 1920 bei Wolfhalden, die Kornrade, um 1930 bei Gais, die Acker-Glockenblume und die Roggen-Trespe, im 19. Jahrhundert bei Teufen und Oberegg.

Die Waldbewirtschaftung forderte auch ihre Opfer: Ausgestorben sind der Gemeine Flachbärlapp, oft genannt bei Trogen, das Wald-Kreuzkraut, zahlreiche frühere Nennungen, der Widerbart, 1937 in Heiden und Oberegg, die Purpur-Orchis, vor 1960 unterhalb Heiden, und weitere. Die intensivierte Landwirtschaft vertrieb den Gelblichen Klee bei Wolfhalden, und den Kreuz-Enzian, laut Froelich auf Hügeln.

Unter den ausgestorbenen Pflanzen finden sich Arten, die nur sporadisch auftraten und unbeständig sind. Solche können jederzeit wieder auftauchen. Ein Beispiel dazu: Wartmann und Schlatter kannten 1888 keinen Standort des Turiner Waldmeisters im Appenzellerland. 1906 und 1917 hatten zwei andere Botaniker die Pflanze an der Goldach und im Astwald, beide Standorte auf Trogner Boden, entdeckt. Trotz langem Suchen ist seit 1960 keine Pflanze mehr gefunden worden. Sie galt als ausgestorben. 1992 machte eine Exkursionsteilnehmerin auf eine ihr unbekannte Pflanze am Waldrand aufmerksam: Ein Turiner Waldmeister in der Gemeinde Wald. Er hat sich seither weiter ausgebreitet.

Innerhalb von Jahrhunderten kommen und gehen Pflanzen auf natürliche Weise. Für einige ist die Zeit abgelaufen (z.B. Moos-Orchis); sie verloren als Relikte der Nacheiszeit ihren Lebensraum oder sind bergwärts weitergewandert. Ein solcher Bergwanderer ist der Alpenlattich, der früher bis vor die Tore der Stadt St.Gallen häufig in Wäldern vorkam und heute kaum mehr unter 1000 Metern über Meer gefunden wird.

Schwerer wiegt der Verlust an Quantität als an Qualität. Viele bekannte Blumen, besonders im Berggebiet, sind gegenüber früher viel seltener geworden: Rostblättrige Alpenrose, Ritter-sporn, Edelweiss, Feuerlilie und viele Knabenkräuter. Die Sam-melwut in früheren Zeiten und das Beweiden mit Schafherden verdrängten sie.

Pflanzenschutz ist heute Biotopschutz. Im Kapitel «Pflanzen-schutz-Gesetze» (vgl. Seite 161 ff) steht mehr darüber.

# Pflanzengesellschaften

## Pflanze und Umwelt

Klima und Boden sind die wichtigsten Faktoren, die aus der Menge der einheimischen Pflanzen auf einem gegebenen Areal eine Auswahl treffen. Die Sumpf-Dotterblume wird nie in einer Trockenwiese wachsen und die wärmeliebende Wegwarte verirrt sich nicht in einen schattigen Schluchtwald. Die vom Boden und vom Klima her möglichen Arten konkurrenzieren sich; die vitalen verdrängen die schwachen. Viele Kombinationen abiotischer und biotischer Faktoren lassen unterschiedliche und vielgestaltige Pflanzengesellschaften entstehen.

**PFLANZE UND UMWELT**

| | | |
|---|---|---|
| Abiotische Faktoren: | Klima | Lichtverhältnisse |
| | | Tages- und Jahrestemperaturen |
| | | Schwankungen |
| | Niederschläge | Art, Menge, Verteilung |
| | | Dauer der Schneebedeckung |
| | | Windverhältnisse |
| | Boden | Substrat (Torf, Humus, Lehm, Sand) |
| | | Struktur (fein, grob, locker, verdichtet) |
| | | Nährstoffgehalt (besonders Stickstoff, |
| | | Kalium, Phosphor) |
| | | Säurewert |
| | | Wasser |
| Biotische Faktoren: | Vitalität | Ausbreitungsfähigkeit |
| | | Behauptungsfähigkeit |
| | Konkurrenz | Nahrungskonkurrenz |
| | | Beschattung |
| | | Tierfrass, Fegeschäden |
| | | Tier-Düngung |
| | | Mikroorganismen im Boden |
| | | Parasiten |
| | | Krankheiten |
| | Einfluss des Menschen | |

Einzelne wichtige Boden- und Klimafaktoren werden von Biologen mit einem Punktesystem von 1 bis 5 benotet. Solche Zeigerwerte erfassen zum Beispiel

| | | | |
|---|---|---|---|
| Feuchtezahl | F: | 1 = Trockenheitszeiger | 5 = Nässezeiger |
| Reaktionszahl | R: | 1 = Säurezeiger | 5 = Basenzeiger |
| Nährstoffzahl | N: | 1 = Magerkeitszeiger | 5 = Düngezeiger |
| Lichtzahl | L: | 1 = Schattenzeiger | 5 = Lichtzeiger |
| Temperaturzahl | T: | 1 = Kältezeiger | 5 = Wärmezeiger |

Pflanzen mit gleichem oder ähnlichem Zeugnis vergesellschaften sich viel eher als solche mit stark abweichenden Werten. Ein Beispiel aus der appenzellischen Flora belegt dies:

| | F | R | N | L | T |
|---|---|---|---|---|---|
| Mehlprimel | 4 | 4 | 2 | 4 | 2 |
| Frühlings-Enzian | 3 | 4 | 2 | 4 | 2 |
| Moorbeere | 5 | 1 | 2 | 3 | 3 |

Mehlprimel und Frühlings-Enzian finden häufig auf basischen Böden zusammen, während die Moorbeere saure Nassstandorte besiedelt. (Die Werte sind der Schrift «Ökologische Zeigerwerte zur Schweizer Flora» von Elias Landolt entnommen.)

Die Zeigerwerte sind aus Beobachtungen und Messungen in der freien Natur hervorgegangen, also unter einem gegebenen Konkurrenzdruck. Ohne Nachbarn, im Treibhaus oder im Labor, verhalten sich Pflanzen gelegentlich anders. So gedeihen in gejäteten, gehackten und gedüngten Gärten Arten, die andernorts verdrängt würden. In der freien Natur finden wir die Wald-Föhre sowohl an trockenen als auch an feuchten Standorten. Am liebsten wäre ihr ein mittelfeuchter Boden; dort wird sie aber von Buche, Tanne und Fichte verdrängt und weicht auf extremere Standorte aus, wo ihre Konkurrenten kaum noch mithalten können.

Im Garten lässt sich beobachten, dass einige Pflanzen andere nicht ertragen. Tomaten gehen im Laubfallbereich eines Nussbaumes ein. Stoffe aus der Zersetzung von Nussbaumblättern sind für Tomaten schädlich. In der freien Natur muss es ähnliche Beispiele von Unvereinbarkeit geben. Sie sind aber fast nur experimentell zu beweisen.

Jede Pflanzengesellschaft ist Teil eines Ökosystems. Die Pflanzen stehen in enger Verbindung mit der Tierwelt: vom Säuger über Vögel, Gliederfüssler und Würmer bis zu den kleinsten Protozoen, aber auch mit Pilzen, Algen und Bakterien. Die gegenseitigen Abhängigkeiten sind vielfach vernetzt. Die dynamischen Zusammenhänge von Geben und Nehmen sind grossartig.

## Wälder

*Eine mit Waldbäumen oder -sträuchern bestockte Fläche gilt als Wald, wenn sie mit Einschluss eines zweckmässigen Waldsaumes mindestens eine Ausdehnung von 500 m² und eine Breite von 12 Metern aufweist und wenn die Bestockung eingewachsener Flächen mindestens 15 Jahre alt ist .*

*Ausserrhoder Waldgesetz von 1996*

*Damit eine Bestockung als Wald gilt, müssen folgende Mindestkriterien erfüllt sein:*

*a.    eine Flächenausdehnung mit Einfluss eines zweckmässigen Waldsaumes von*
    *– bis 800 m² innerhalb der Bauzone;*
    *– bis 500 m² ausserhalb der Bauzone;*
*b.    eine Mindestbreite mit Einschluss eines zweckmässigen Waldsaumes von 12 Metern;*
*c.    das Alter der Bestockung für einwachsende Flächen von 20 Jahren.*

*Innerrhoder Waldgesetz von 1998*

Vom Bodenseeufer bis zur Waldgrenze am Säntis bedeckte einst ein fast geschlossener Wald das Appenzellerland. Nur Moore und Sümpfe bildeten Lücken. Das heute bewohnte Gebiet war einst ein Tannen-Buchenwald, das heisst schwergewichtig aus Rot-Buchen und Tannen aufgebaut. Erst in höheren Lagen ersetzte die Fichte (Rottanne) die Tanne (Weisstanne).

Wo heute Mischwälder mit Buchen und Tannen stehen, sind sie meist von vielen Fichten durchsetzt.

Reine Fichtenforste unter 1200 Metern sind Menschenwerk und als Monokulturen krankheitsanfällig. Gerodete Flächen und Windwurfblössen wurden mit Fichten neu bestockt, weil dieser Baum rasch wächst und gutes Bauholz liefert.

In vielen heutigen Rottannenwäldern kann anhand der Kraut- und Moosflora der einstige Tannen-Buchenwald immer noch erkannt werden. Mancherorts ist diese Begleitflora aber verarmt, weil die abgefallenen Nadeln in der Dunkelheit des ge-

Wo das Licht den Waldboden erreicht, kann dieser ergrünen.

Auf der nächsten Doppelseite: Ein Mischwald, wie man ihn im Appenzellerland häufig findet.

schlossenen Kronendaches schwer abbaubar sind und der Boden dadurch versauert. Haarmützen-Moose, Rippenfarn, Sauerklee und allenfalls kümmerliche Heidelbeeren blieben zurück oder wanderten zu. Sträucher fehlen fast ganz.

In den tiefsten Lagen, gegen den Bodensee hin, dominierten Laubbäume: Zu den Buchen gesellten sich Eichen, Hagebuchen und Linden. Relikte davon kann man noch erkennen. Andere bekannte Baumarten fehlten zwar nicht, aber bildeten selten grössere Bestände.

Den Bächen entlang standen wie heute, Erlen und Weiden, an schattigen Steilhängen Eiben und, je nach Bodenart und Exposition, weitere Laubbäume.

Die in früheren Jahrtausenden häufige Wald-Föhre wurde auf humusarme und trockene Rippen zurückgedrängt oder ist vom Menschen neu angepflanzt und gehegt worden.

Die Lärche hat unser Land wahrscheinlich erst nach den Rodungen an sonnigen Waldrändern und auf waldfreien Kuppen erobert. Für sie ist das appenzellische Klima nicht besonders geeignet: Sie bevorzugt nebelfreie Lagen im inneralpinen Raum. Wo sich Einzelbäume und kleine Gruppen finden, wie auf dem Lutzenland in Herisau oder am Gäbris, sind sie von Menschen gepflanzt. Immerhin stehen Lärchen schon seit einigen Jahrhunderten im Appenzellerland. In alten Forstrechnungen Ausserrhodens erschienen Einnahmen aus dem Lärchensamenverkauf an Ungarn! Und J. Gaudin schreibt 1833: «Pinus Larix inter Gäbris et Vögeliseck sylvam efficiens» – zwischen dem Gäbris und der Vögelinsegg bilden Lärchen einen Wald.

Die wichtigsten Einheiten der appenzellischen Waldvegetation sind also Buchenwälder, zum Teil von Esche und Berg-Ahorn begleitet, montane Buchen-Tannenwälder, montane Tannenwälder und subalpine Fichtenwälder. Daneben finden sich zahlreiche, aber kleinflächige Ahorn-Eschenwälder, rudimentäre eibenreiche Steilhangwälder und subalpine Legföhrenbestände.

Die feine Gliederung des Waldes in unterschiedliche Waldgesellschaften, wie sie heute für Förster wichtig ist, war früher kaum bekannt. Gabriel Rüsch schrieb 1835: «Die gewöhnlichsten Waldbäume sind übrigens die Tannen und Fichten; seltener sind Eichen, Linden, Ahorne, Eschen, Eiben, Vogelbeerbäume, Kiefern, Lärchen, Buchen, Erlen, Ulmen, Zitterpappeln, Arven.» Die Arve wächst heute an keiner Stelle des Appenzellerlandes, ohne vom Menschen gepflanzt worden zu sein. Einzig im Alpstein, auf St.Galler Boden nahe Wildhaus, findet sich ein kleiner Arvenbestand.

# Die aufgezählten Baumarten

Tanne = Weisstanne *Abies alba.* Nicht zu Boden fallende, ker-
zenartig stehende Zapfen, Tiefwurzler. Einst häufigster Nadelbaum in der montanen Stufe.

Fichte = Rottanne *Picea abies.* Reife Zapfen hängend und abfal-
lend («Tannzapfen»). Flachwurzler. Ursprünglich Gebirgs-
baum.

Kiefern = Föhren *Pinus sylvestris, Pinus mugo.* Wald-Föhre und
Berg-Föhre (aufrechte und niederliegende). Die Wald-Föhre
ist schwach vertreten und meist angepflanzt. (Berg-Föhre:
vgl. Kapitel Bergwald, Seite 46ff.)

Lärche *Larix decidua.* Einziger Nadelbaum, der im Winter alle Nadeln abwirft. Lichtbaum.

Eibe *Taxus baccata.* Sehr langsam wachsend. Zähes Holz für Arm-
brüste, Pfähle etc. In Schluchtwäldern noch anzutreffen (besonders im Glatt- und Wissbachtal sowie im Vorderland).

Buche = Rot-Buche *Fagus sylvatica.* Häufigster Laubbaum.

Eichen *Quercus robur, Quercus petraea.* Stiel- und Trauben-Eiche.
Beide selten. Grössere Bestände bei Nünegg, Herisau, und im
Heldholz, Walzenhausen.

Linden *Tilia platyphyllos, Tilia cordata.* Sommer- und Winter-Lin-
de. Beide kommen in appenzellischen Wäldern selten vor. Sie
sind aber oft angepflanzt und präsentieren sich als markante
Bäume auf Kuppen und bei Liegenschaften.

Birken *Betula pendula, Betula pubescens.* Hänge- und Moorbir-
ke. Beide mit weissem Stamm. Hänge-Birke in und an Wäldern, Moor-Birke nur in einzelnen Mooren.

Ahorne *Acer pseudoplatanus, Acer platanoides, Acer campestre.*
Berg-, Spitz- und Feld-Ahorn. Berg-Ahorn häufig eingestreut,
im Alpstein hoch hinaufsteigend. Die beiden andern Arten
sind selten.

Esche *Fraxinus excelsior.* In feuchten Wäldern häufig, aber keine
grossen Bestände bildend.

Vogelbeere = Eberesche, *Sorbus aucuparia.* Eingestreut in Wälder und Gebüsche, bis an die Waldgrenze hinauf.

Erlen *Alnus viridis, Alnus incana, Alnus glutinosa.* Grün-, Grau-
und Schwarz-Erle. Oft mehr Strauch als Baum. Grün-Erlen bilden an Bächen und in Runsen grosse Bestände.

Ulme *Ulmus glabra.* Die Berg-Ulme steht vereinzelt in Wäldern,
die Feld-Ulme fehlt im Appenzellerland.

Zitter-Pappel *Populus tremula.* An Waldrändern und in Gebüschen.

Weitere Arten können baumförmig werden: Weiden, Mehlbeere, Wacholder. Aus Nordamerika sind gelegentlich Douglasie, Weymouths-Kiefer und Rot-Eiche angepflanzt worden, aus Südeuropa Schwarz-Föhre und Rosskastanie.

Heute bedeckt der Wald fast einen Drittel des Landes; im vergangenen Jahrhundert war es weniger. Strukturlose Blössen im Hügelland sind auf manchen alten Stichen sichtbar. Weitsichtige Menschen erkannten vor 100 Jahren die Schutzfunktionen des Waldes und forsteten Kuppen und Hänge auf. Erosionen und Hochwasser konnten durch Wiederbewaldung vermindert werden. Den damaligen Umweltschützern fehlte aber das Wissen über standortgerechten Wald. Sie pflanzten fremde Fichtenrassen in Reih und Glied, die Wind, Schnee und Schädlingen schlecht trotzten. Besonders nach den enormen Sturmschäden von 1919 wurden norddeutsche Fichten importiert. Im Kronberg-, Hochalp- und Hochhammgebiet sind ihre Nachteile noch heute erkennbar: Ihnen mangelt es an Widerstandskraft gegenüber Wind und Schnee. Im Kleinherz in Appenzell Innerrhoden steht eine gut hundert Jahre alte Aufforstung mit Fichten aus Darmstadt. Sie weisen viel mehr Dürräste als einheimische Fichten auf.

Abgesehen vom eigentlichen Bergwald am Säntis steht der Wald heute an landwirtschaftlich wenig interessanten Stellen, auf Kuppen, an nordgerichteten Steilhängen und in Tobeln. Die Gesamtfläche an Wald ist gesetzlich gewährleistet. Heute kann sogar eine langsame Zunahme der Waldfläche durch passives Einwachsen auf landwirtschaftlich ungenutzten Flächen verzeichnet werden.

Heute wird nach Holzschlägen versucht, mit standortgerechten Mischgesellschaften einen Waldbestand mit einheimischen Jungpflanzen aufzubauen. Nach den Stürmen von 1987 und 1990 sind einige Kahlflächen der Natur zur Wiederbewaldung überlassen worden. Es ist erstaunlich, wie rasch sich seither artenreicher Jungwald entwickelt.

Ein gesunder Wald entwickelt sich, wenn er durch naturorientierten Waldbau gefördert wird. Häufig bewährt sich die natürliche Versamung umliegender Bäume. Wälder sollten nicht von Vieh beweidet werden und müssen nicht stets fein säuberlich aufgeräumt sein, wie es von altgewohnten Bauern erwartet wird. Vielmehr verrotten herumliegende Äste und Holzerrückstände am Boden langsam und dienen den vielen Bodenlebewesen, die mithelfen, einen gesunden Wald aufkommen zu lassen und zu erhalten, als Nahrungsgrundlage. Das saubere «Aufräumen» lähmt demzufolge die Bodenaktivität und verhindert die gut verteilte Rückführung wertvoller Mineralstoffe zu den Bäumen.

## HÄUFIGE ODER BEKANNTE WALDBLUMEN

| | | Blühmonat | Blütenfarbe |
|---|---|---|---|
| Busch-Windröschen | Anemone nemorosa | 4 | weiss |
| Akeleiblättrige Wiesenraute | Thalictrum aquilegiifolium | 6 | lila |
| Rote Waldnelke | Silene dioica | 6 | rot |
| Wald-Veilchen | Viola reichenbachiana | 5 | violett |
| Birngrün = Wintergrün | Orthilia secunda | 5 | gelbgrün |
| Wald-Schlüsselblume | Primula elatior | 4 | gelb |
| Wald-Geissbart | Aruncus dioecus | 6 | weiss |
| Wald-Erdbeere | Fragaria vesca | 5 | weiss |
| Brombeere | Rubus spec. | 7 | weiss |
| Wald-Weidenröschen | Epilobium angustifolium | 7 | rosa |
| Bingelkraut | Mercurialis perennis | 5 | – (Windbestäubung) |
| Wald-Storchschnabel | Geranium sylvaticum | 6 | violett |
| Wald-Springkraut | Impatiens noli-tangere | 7 | gelb |
| Sauerklee | Oxalis acetosella | 5 | weiss |
| Sanikel | Sanicula europaea | 6 | weiss |
| Brustwurz | Angelica sylvestris | 8 | weiss |
| Immergrün | Vinca minor | 5 | blau-weiss |
| Goldnessel | Lamium galeobdolon | 6 | gelb |
| Echter Waldmeister | Galium odoratum | 5 | weiss |
| Wald-Labkraut | Galium sylvaticum | 8 | weiss |
| Gebräuchlicher Baldrian | Valeriana officinalis | 6 | weiss-rosa |
| Grauer Alpendost | Adenostyles alliaria | 7 | rosa |
| Gewöhnliche Goldrute | Solidago virgaurea | 9 | gelb |
| Weisse Pestwurz | Petasites albus | 4 | weiss |
| Berg-Flockenblume | Centaurea montana | 6 | blau |
| Hasenlattich | Prenanthes purpurea | 8 | purpurn |
| Wald-Habichtskraut | Hieracium murorum | 7 | gelb |
| Wald-Hainsimse | Luzula sylvatica | 4 | – (Windbestäubung) |
| Hängende Segge | Carex pendula | 6 | – (Windbestäubung) |
| Wald-Zwenke | Brachypodium sylvaticum | 7 | – (Windbestäubung) |
| Waldhirse | Milium effusum | 6 | – (Windbestäubung) |
| Bärlauch | Allium ursinum | 5 | weiss |
| Türkenbund | Lilium martagon | 6 | purpurn |
| Einbeere | Paris quadrifolia | 5 | grün |
| Zweiblättrige Schattenblume | Maianthemum bifolium | 5 | weiss |
| Vielblütiges Salomonssiegel | Polygonatum multiflorum | 6 | weiss |
| Frauenschuh | Cypripedium calceolus | 6 | gelb |
| Nestwurz | Neottia nidus-avis | 7 | hellbraun |

Zu diesen Blumen gesellen sich Bärlappe, Farne (Rippenfarn, Waldfarn, Wurmfarn) und Wald-Schachtelhalm. Vergleichsweise selten finden sich in unsern Wäldern Leberblümchen, Aronstab und Maiglöckchen. Gar nicht mehr vertreten ist die Purpur-Orchis.

Der Blühmonat ist ein Mittelwert. Er kann ein bis zwei Monate abweichen, je nach Standort und Klimaverlauf innerhalb eines Jahres. Sommerblüher (Juni/Juli) herrschen vor (über 50%). Helle Farben bieten sich dem Insektenauge mit für den Menschen unsichtbarem Ultraviolett an (etwa 80%); dunklere Blüten locken mit hellen Saftmalen (Wald-Veilchen) und aromatischem Nektar an (Birngrün).

In den vergangenen Jahren ist der Begriff Waldsterben zu einem Reizwort geworden. Viele Menschen sehen das Waldsterben als Folge der Luftverschmutzung. Es wurden wissenschaftliche Untersuchungen durchgeführt und verschiedene Beobachtungen gesammelt: Nadelbäume zeigten deutlichere Schäden als Laubbäume, die ihr Laub alljährlich erneuern. Lücken im Nadelbesatz und vorzeitiger Nadelabwurf wurden festgestellt. Ungeklärt ist, ob nicht eher klimatische Faktoren wie sommertrockene Perioden, Fröste bei fehlender Schneebedeckung oder jahreszeitlich ungünstig verteilte Niederschlagsmengen die Ursache der beklagten Schäden seien. Die Zusammenhänge sind komplex und werden langfristig beobachtet und ausgewertet. Neben den Verschmutzungen in der Luft, die die Spaltöffnungen von Laubblättern und Nadeln verstopfen können, sind weitere Schadquellen zu prüfen. Der saure Regen zum Beispiel wird sich im Kalkgebiet nicht kurzfristig auswirken, aber Schwermetalle könnten Krankheitsbilder verstärken und im Boden die Mykorrhiza – die Symbiose von Pilz und Baum oder Pilz und Kraut – schädigen. Langzeitlich zu hohe Ozonwerte dürften auch nicht ohne Folgen bleiben.

Die zukünftige Waldentwicklung hängt von der Bewirtschaftungsart und von Umweltfaktoren ab. Anzustreben sind stabile, ungleichförmige, stufig aufgebaute Plenter-Wälder, das heisst Wälder mit standortgerechten Bäumen verschiedenen Alters und unterschiedlicher Höhe. Sie verlangen eine einzelstammweise Nutzung. Beispiele dafür sind Waldpartien südlich St.Anton-Halegg gegen das Rheintal. Vielleicht gelingt es in den nächsten Jahren, einzelne Waldstücke zusammenzuführen und Waldreservate zu schaffen.

Wald ist mehr als eine Ansammlung von Bäumen. Er ist dreistöckig aufgebaut und besitzt zudem ein Kellergeschoss. Hochgewachsene Bäume bilden das Kronendach, Sträucher und junge Bäume das Mittelgeschoss und krautige Bodenpflanzen und Moose das Erdgeschoss. Unter der Erdoberfläche, im Keller sozusagen, leben Wurzeln und Pilzfäden eng vernetzt.

In uniformen Fichtenforsten ist die Strauch- und die Krautschicht ärmlich ausgebildet oder fehlt ganz. Es ist zu dunkel. In Mischwäldern, in die mehr Licht eintritt, findet sich neben einigen Straucharten das Heer der Waldblumen und Farne.

Unter der Erdoberfläche durchziehen Millionen von Pilzfäden (Hyphen) verschiedenster Art den Waldboden. Sie helfen mit, Holz, Nadeln und Blätter abzubauen und tragen zur Humusbildung bei. Sie sind notwendige Partner von Bäumen und vielen Kräutern, besonders von Orchideen (Nestwurz, Frauenschuh). Nur dank dieser Mykorrhiza ist die Waldgemeinschaft lebensfähig. Pilzschutzmassnahmen sind zu ihrer Erhaltung nötig.

Einige typische Pflanzen eines natürlichen Tannen-Buchenwaldes (Abieti-Fagetum):

| | |
|---|---|
| Tanne | Abies alba |
| Rot-Buche | Fagus sylvatica |
| Berg-Ahorn | Acer pseudoplatanus |
| Eichenfarn | Gymnocarpium dryopteris |
| Gemeiner Waldfarn | Athyrium filix-femina |
| Goldnessel | Lamium galeobdolon ssp. montanum |
| Bingelkraut | Mercuralis perennis |
| Wald-Veilchen | Viola reichenbachiana |
| Waldmeister | Galium odoratum |
| Hasenlattich | Prenanthes purpurea |
| Wald-Habichtskraut | Hieracium murorum |
| Wald-Schwingel | Festuca altissima |

Auch horizontal ist ein guter Wald dreiteilig. Den eigentlichen Wald umschliesst der Waldmantel aus Sträuchern und diesen der Waldsaum mit typischen Kräutern. Weil Waldmantel und -saum pflanzensoziologisch den Gebüschen und Hecken sehr ähneln, werden sie im nächsten Kapitel (Waldmäntel, Gebüsche und Hecken, vgl. Seite 50 ff.), dargestellt.

Viele Bodenpflanzen des Waldes finden sich auf wenig gedüngten Wiesen und erinnern dort an den einstigen Wald: Waldschlüsselblume und Rote Waldnelke; andere trifft man an Bachufern, in Gebüschen, an Sumpfrändern oder als Un-Kräuter in Gärten: Geissfuss = Baumtropfen, Wald-Ziest, Zwenke.

Wald wird bewirtschaftet. Ob Staats- oder Privatwald, er soll Holz liefern. Baumstämme müssen abgeführt werden. Die Zeiten sind vorbei, da Pferde auf Rückewegen dies taten oder gar Bäche zum Flössen genutzt wurden. Das Verhältnis der Holzmarktpreise zu den Arbeitslöhnen hat sich drastisch zu Ungunsten der Löhne verschoben, und so darf der Abtransport nur wenig Zeit beanspruchen. Neue Forststrassen ermöglichen Kranlastwagen rasches Wegführen. Im Bergwald behilft man sich mit Seilzügen oder Helikoptereinsätzen. Der damit verbundene Lärm kann sich für Wild und Vögel, beispielsweise den Auerhahn, nachteilig auswirken.

Wald und Wild ist ein ernsthaftes Problem. An Rehen, Hirschen und Gämsen freuen sich fast alle Menschen, nicht nur die Jäger. Verbiss- und Schälschäden ärgern aber Förster und Waldbesitzer. Sie verunmöglichen oft die Waldverjüngung. Besonders junge Tannen werden enorm verbissen. Auch das Laubholz leidet unter Wildverbiss. Es ist oft schwierig, den Laubholzanteil eines Bestandes ohne umfangreiche Schutzmassnahmen zu erhöhen.

Jeder Blumenfreund kennt auch Verbisse am Türkenbund: Rehe knabberten die Blütenknospen ab. Im Jagdbanngebiet beider Appenzell verstärkt sich das Dilemma zwischen Wild- und Pflanzenschutz. Denn für ein natürliches Gleichgewicht im Wildbestand fehlen seine natürlichen Feinde Bär, Wolf und Luchs.

## Bergwald

Mit Bergwald sind hier die Wälder des Alpsteins bezeichnet. Jene an unzugänglichen Stellen sind die einzigen primären, das heisst vom Menschen nie wesentlich veränderten, Wälder. In Mulden und dort, wo die Kalkfelsen nicht ganz steil abfallen, konnte sich nach der letzten Kaltzeit Wald entfalten; das dauerte lange. (Abholzungen werfen die Florengeschichte immer um viele Jahrhunderte zurück.)

Wie hoch hinauf reicht der Wald im Alpstein? Die Waldgrenze ist die höchste Lage geschlossenen Waldes. Einzelne Bäume steigen höher, bis zur Baumgrenze.

Anhand der Landeskarte ist man geneigt, die obere Waldgrenze vergleichsweise tief anzusetzen, meist bei weniger als 1600, selten bei 1750 Meter. Die wirkliche Waldgrenze ist in doppelter Hinsicht zu relativieren. Vor rund 1200 Jahren war es fast 2 Grad Celsius wärmer, und vor 200 bis 400 Jahren mehr als ein Grad kälter als heute. Als Folge dieser Temperaturveränderungen muss sich die Waldgrenze in geschichtlicher Zeit verschoben haben. Nach der letzten kleinen Kaltzeit vor etwa 300 Jahren stieg die Waldgrenze als Folge der Alpbewirtschaftung nicht mehr an. Im Gegenteil: Der Weidgang verhinderte sowohl ein Wiederaufkommen des Waldes auf einst gerodeten Flächen als auch die Verjüngung im Restwald. Die Alpwirtschaft hat die Waldgrenze sogar weiter nach unten gedrückt: Die Sennen benötigten Bau- und Brennholz und schlugen dieses in der Nähe ihrer hoch gelegenen Alpen. Solange noch Bäume standen, trugen sie kein Holz vom Tal hinauf. 1853 schreibt Friedrich von Tschudi: «Nach der Meglisalp am Säntisstock tragen die Sennen ihren Holzbedarf stundenweit aus dem Seealpthale auf dem Rücken herauf.»

Bei der Waldgrenze spielen Exposition und Topografie eine grosse Rolle. Im Rahmen eines Aufforstungsprojektes am Kronberg wurde festgestellt, dass an diesem Hügelzug auf 1600 Metern gleiche klimatische Verhältnisse herrschten wie in den inneralpinen Tälern auf 2000 Metern. Dies ist mit ein Grund, weshalb erste Aufforstungen am Kronberg fast chancenlos blieben. Erst als sich diese Erkenntnis durchgesetzt hatte, konnte mit rottenförmigen Aufforstungen begonnen werden, die heute positive Resultate zeigen und für die Zukunft hoffen lassen. Die heutige klimatische Waldgrenze dürfte zwischen 1800 und 2000 Metern liegen. Dies ist im Vergleich zu Graubünden immer noch tief und mit der isolierten Lage des Alpsteins zu erklären. Spezialisten sind daran abzuklären, ob bei einer neuen klimatischen Erwärmung als Folge des Ausstosses grosser Mengen von Treibhausgasen die obere Waldgrenze ansteigen könnte. Es scheint, dass dies auf den genutzten Alpweiden kaum der Fall sein wird. Aber Laubhölzer könnten in höhere Lagen vordringen und den Nadelwaldgürtel schmälern.

Eine «gute Sache» ist gemäss Oberförster Peter Raschle ein Wiederaufforstungsprojekt auf der Alp Sigel, das 1986 von den

## PFLANZEN IM HEXENWÄLDLI

|  |  | R |
|---|---|---|
| Tannenbärlapp | Huperzia selago | 2 |
| Berg-Bärlapp (Schlangenmoos) | Lycopodium annotinum | 1 |
| Dorniger Moosfarn | Selaginella selaginoides | 3 |
| Fichte | Picea abies | x |
| Leg-Föhre | Pinus mugo ssp. mugo | x |
| Alpen-Hahnenfuss | Ranunculus alpestris | 4 |
| Knöllchen-Knöterich | Polygonum viviparum | 3 |
| Netz-Weide | Salix reticulata | 4 |
| Stumpfblättrige Weide | Salix retusa | 3 |
| Bewimperte Alpenrose | Rhododendron hirsutum | 4 |
| Preiselbeere | Vaccinium vitis-idaea | 2 |
| Heidelbeere | Vaccinium myrtillus | 1 |
| Moosauge (Einblütiges Wintergrün) | Moneses uniflora | 2 |
| Birngrün (Einseitswendiges Wintergrün) | Orthilia secunda | 3 |
| Ganzblättrige Primel | Primula integrifolia | 2 |
| Mannsschild-Steinbrech (neu, 1996) | Saxifraga androsacea | 4 |
| Silberwurz | Dryas octopetala | 4 |
| Vogelbeerbaum | Sorbus aucuparia | 2 |
| Alpen-Fettblatt | Pinguicula alpina | 4 |
| Alpenlattich | Homogyne alpina | 3 |
| Niedriger Schwingel | Festuca quadriflora | 4 |
| Kelch-Liliensimse | Tofieldia calyculata | 4 |

R = Reaktionszahl (siehe Kapitel Pflanzengesellschaften, Seite 33ff)
x bedeutet «indifferent»

Das Häxenwäldli im Brüeltobel mit seinen Krüppelfichten.

Alpbesitzern an die Hand genommen wurde. Neupflanzungen an wind- und schneeexponierten Stützpunkten sollen bei Gelingen später guten Schutz bieten. Die jungen Pflanzen sind von Sturmholz und Steinen umringt, und die kleinen Inseln sind so eingezäunt, dass Wildfrass verhindert wird. Es hat sich dabei gezeigt, dass junge Fichten besonders dort gut anwachsen, wo Moderholz liegt.

Alpstein-Wälder über 1200 Metern sind meist echte Fichtenwälder. Sie sind artenarm. Fast sichere Begleiter dieser sauren Waldgesellschaft sind Berg-Bärlapp, Wolliges Reitgras, Wald-Habichtskraut und Alpenlattich neben Heidelbeere, Preiselbeere und vielen Moosen. Auch steigen Buchen hoch hinauf, beispielsweise über Wasserauen bis zum Äscher. An sonnigen, nach Süden oder Osten ausgerichteten humusarmen Hängen klettert die Leg-Föhre weit hinauf, so an der Bogarten. Die aufrechte Berg-Föhre kommt nur selten, bei einigen Hochmooren, vor. Auf nährstoffreichen Böden und in Geröll steigt der Berg-Ahorn im inneren Alpstein bis 1650 Meter, an der Südflanke der Tierwis sogar höher. Noch weiter oben finden sich Vogelbeer-Bäume.

Im Brüeltobel, am Weg von Brülisau zum Plattenbödeli, steht das sagenumwobene Hexenwäldli. Es ist auf der Landeskarte nicht mit Namen eingetragen, aber im Geometerplan 1:5000 als

*Zwergwäldli* zu finden. Es ist ein etwa 2000 Quadratmeter grosser Bestand von zwergwüchsigen Fichten. Selten werden sie mannshoch. Sie tragen fast nur an den obersten Zweigen Nadeln, und Zapfen wurden wohl noch nie ausgebildet. Trotzdem sind sie in die Jahre gekommen. So alt, nämlich Hunderte von Jahren, wie viele glauben wollen, sind sie aber kaum. Geschliffene Querschnitte an abgestorbenen Exemplaren lassen meist nur einige Jahrzehnte erkennen; gelegentlich weisen sie mehr als hundert Jahrringe auf. Wahrscheinlich sterben besonders die Bäumchen ab, die an einem absolut baumfeindlichen Standort keimten, und nur an diesen können aus Schutzgründen Altersbestimmungen vorgenommen werden. Selbst in diesem verhexten Wäldchen funktioniert die Naturverjüngung: Bäumchen sterben ab, neue wachsen aus angeflogenen Samen der weiteren Umgebung nach. Nicht die einzelnen Fichten sind Hunderte von Jahren alt, aber das Wäldchen selbst.

Wie erklären sich Botaniker diese Erscheinung? Sie trauen den schönen alten Sagen wenig und suchen nach wissenschaftlich erhärtbaren Ursachen: Die krüpplige Gesellschaft stockt auf feinerdefreiem Blockschutt und ist fast immer beschattet. Oberflächlich und zwischen den Steinen liegt Rohhumus. Unter den Wurzeln fliesst kalte Luft durch, die in einigen Wetterlöchern zeitweise austritt und dort wahrnehmbar ist. Im Untergrund herrscht so meist ein Durchzug. Infolge dieser Unterkühlung und der Nährstoffarmut zeigt das Hexenwäldli seit Generationen gehemmtes Wachstum. Ob das Fehlen von hilfreichen Wurzelpilzen unter den obersten Zentimetern zu den Wachstumsstörungen beiträgt, ist noch Hypothese – zwar glaubwürdig, weil auch Pilzhyphen Humus benötigen, aber noch nicht bewiesen. Neuere Untersuchungen haben gezeigt, dass der lange Zeit vermutete Dauerfrost (Permafrost) auch tief unter dem Waldboden nicht nachgewiesen werden kann.

Die Pflanzenliste auf Seite 47 verunsichert im ersten Augenblick: Da wachsen auf kleinstem Raum Säurezeiger (R = 1 oder 2) und Basenzeiger (R = 4) nebeneinander. Ausserdem gehören Alpen-Hahnenfuss, Netz-Weide, Ganzblättrige Primel und Mannsschild-Steinbrech in die alpine Höhenstufe, nicht auf knapp 1200 Meter. Beide Phänomene scheinen erklärbar: Wo Wurzeln auf dünner Humusschicht Kalkblöcke erreichen, sind keine Säurezeiger zu erwarten wie auf mächtigerem Rohhumus zwischen den Blöcken. Die alpinen Vertreter zeugen vom kalten Boden, der fast demjenigen von Schneetälchen ähnelt.

## Waldmäntel, Gebüsche und Hecken

Waldmantel wird hier bewusst dem Begriff Waldrand vorgezogen, weil der Rand bloss eine Linie darstellt, während der Mantel ein Lebensraum mit Strauchgürtel und eigenem Krautsaum ist.

Die drei Pflanzengesellschaften Waldmäntel, Gebüsche und Hecken entsprechen sich in ihrem Pflanzenbestand, aber unterscheiden sich optisch im Landschaftsbild.

Waldmäntel umschliessen einen Wald, Gebüsche sind inselartige Gruppen mit Bäumen oder ohne Bäume und Hecken sind schmale meist geradlinige Bänder. Alle drei sind aus lichtbedürftigen Sträuchern und nährstoffliebenden Kräutern zusammengesetzt.

In den Sträuchern halten sich Vögel auf. Diese nisten oder übernachten im sicheren Schutz von Laub und Dornen und finden hier Insekten und Beeren als Futter. Durch die Entleerung ihres Darms düngen sie ihren Lebensraum auf natürliche Weise. Brennnesseln, Knoblauchhederich, Kletten-Labkraut, Hohlzahn und Weisse Taubnessel sind extrem nitrophile (stickstoffliebende) Pflanzen. Daneben gedeihen weitere Arten, die auch mit etwas weniger Dünger leben könnten.

Alle drei Pflanzengesellschaften sind ein idealer Lebensraum für eine vielfältige Fauna mit Kleinsäugern (Mäuse, Igel, Wiesel), Vögeln und ungezählten Insektenarten. Unter ihnen sind viele Nützlinge, die in der Umgebung Schäden an Kulturen vermindern, indem sie sogenannte Schädlinge fressen und damit deren Bestand kontrollieren.

Waldmäntel, Gebüsche und Hecken gibt es erst, seit der ursprüngliche Wald zerstückelt worden ist. In der Urlandschaft fanden sich ähnliche Pflanzengemeinschaften nur um Felsblöcke herum, an Uferzonen von Seen, an Bächen und bei Sümpfen sowie in vorübergehenden Waldauflichtungen und an Rutschungen.

Nackte Baumstämme – also astfreie Stangen – sind kein guter Waldabschluss. Halbhohe Laubhölzer und Sträucher sollten den Wald vor greller Sonne und heftigen Winden schützen. In der Laub- und Mischwaldzone sind schöne Waldmäntel häufiger als um Nadelwälder hochgelegener Zonen. Es ist vielerorts Gewohnheit, einzelne Waldteile bei grosser Hitze oder bei Gewittern als Viehunterstand offen zu halten. Das Waldgesetz gestattet dies nach Absprache mit dem Forstdienst.

Gebüsche bereichern das Landschaftsbild und sind wertvolle Lebensräume. Vereinzelt finden sich Gruppen mit leuchtendweissen Schwarzdorn-Blüten, wolligweichen Schneeball-Blättern und rotglänzenden Hagebutten. Auf humusarmen Nagel-

Schöner Waldrand mit Krautsaum und Strauchmantel nahe Appenzell.

Die «Holderstöcke» einer einstigen Hecke sind stehen geblieben, bei Trogen.

fluhrippen wächst Sauerdorn mit seinen spitzen, roten Früchten (Berberitze), der immergrüne Wacholder und an etwas geschützten Stellen die Stechpalme. Eine besondere Art von Gebüschen sind die brombeerreichen Gestrüppe, oft in Senken, auf alten Ablagerungen oder Weiden. Sie gelten als ungepflegt und sind gerade deswegen bedeutende Kleinbiotope.

Hecken dienten früher meist als Grenzmarkierung für Mensch und Vieh. Sie gliedern die Landschaft vielfältig und sind natürliche, elastische Windbrecher. Noch vor wenigen Jahrzehnten fand ein «Hecken-Morden» statt. Wo vorher von verschiedenen Besitzern bewirtschaftete Wiesen von einem Landwirt übernommen wurden, wurde die Hecke als Grenzmarkierung überflüssig und zum Hindernis der mechanisierten Bewirtschaftung. Unter den Bauern galten die Hecken als Düngerfresser und Schattenwerfer, die ausserdem viel Pflege benötigten. Ihre ökologische Bedeutung ist erst in den letzten Jahren von Natur- und Vogelschutzverbänden erfolgreich hervorgestrichen worden. Neue Hecken wurden gepflanzt und bestehende besser gepflegt. Denn ohne regelmässige Pflege verkommen sie gerne zu reinen Eschen-Kolonien.

Ein von vielen Bauern tolerierter oder sogar gehüteter Heckenstrauch ist der Schwarze Holunder (siehe Kapitel Volksbotanik, Seite 130).

Hecken sind gute Bienenweiden, besonders die Heckenkirsche (= Geissblatt) und der Schwarzdorn. Männliche und weibliche Blüten der Weiden sind mit ihrem reichen Nektar- und Pollenangebot die ersten Futterquellen im Frühjahr.

Umgangssprachlich ist eine Hecke ein *Studhag*, ein Stauden-Zaun. Mit Stauden sind in der Mundart Sträucher gemeint.

Der Feuerbrand, eine gefährliche Bakterienkrankheit des Kernobstes und nah verwandter Zier- und Wildgehölze, hat sich in den letzten Jahren besonders in tiefen Lagen ausgebreitet. In gefährdeten Gebieten müssen Steinmispeln in Gärten vernichtet und Weissdorn und Mehlbeere aus Hecken entfernt werden, um die Übertragung auf Obstbäume zu verhindern. Am 1. Dezember 1998 ist in Ausserrhoden eine neue Pflanzenschutzverordnung in Kraft getreten, die ein Pflanzverbot für «hochanfällige Wildgehölze und Zierpflanzen» erlässt. Es betrifft alle Felsenmispel- (Cotoneaster-) und Weissdorn- (Crataegus-)Arten.

## STRÄUCHER IM APPENZELLERLAND
(ohne Alpenpflanzen und ohne Erika-Gewächse)

| Name | Standort | Früchte |
|---|---|---|
| **Gemeiner Wacholder** <br> Juniperus communis | trockene Hänge | blaue Scheinbeeren, essbar |
| **Waldrebe = «Niele»** <br> Clematis vitalba | Gebüsche | stark behaart, nicht verwertbar |
| **Berberitze = Sauerdorn** <br> Berberis vulgaris | Gebüsche, Felsen | rote Spitzbeeren in Trauben, essbar |
| **Zwerg-Birke** (sehr selten) <br> Betula nana | Torfmoore | unscheinbar |
| **Schwarz-Erle** <br> Alnus glutinosa | feuchte Stellen, Ufer | gestielte Zäpfchen |
| **Grau-Erle** <br> Alnus incana | feuchte Stellen, Ufer | sitzende Zäpfchen |
| **Grün-Erle** <br> Alnus viridis | Runsen | Zäpfchen an diesjährigen Zweigen |
| **Haselstrauch** <br> Corylus avellana | Gebüsche | Haselnüsse |
| **Hagebuche** <br> Carpinus betulus | oft angepflanzt | braune «Flieger» |
| **Weiden** (13 Arten) <br> Salix spec. | fast überall | unscheinbar |
| **Pimpernuss** (sehr selten) <br> Staphylea pinnata | Föhnexponierte Lagen | grün, in aufgeblasener Kapsel |
| **Johannisbeeren** <br> Ribes spec. | meist verwildert | rote Beeren in Trauben, essbar |
| **Stachelbeere** (selten) <br> Ribes uva-crispa | Gebüsche | gelbgrüne Beeren, essbar |
| **Rosen** (12 Arten) <br> Rosa spec. | Gebüsche | Hagebutten, verwertbar |
| **Himbeere** <br> Rubus idaeus | Waldschläge | Rote Sammelsteinfrucht, essbar |
| **Brombeeren** (5 Arten) <br> Rubus fruticosus | Wälder, Hecken | schwarzblaue Sammelfrucht, essbar |
| **Zweigriffeliger Weissdorn** <br> Crataegus laevigata | Gebüsche | rote Steinfrüchte, verwertbar |
| **Eingriffeliger Weissdorn** <br> Crataegus monogyna | warme Lagen | rote Steinfrüchte, verwertbar |
| **Felsenmispel** <br> Amelanchier ovalis | Berghänge | schwarze Beeren, essbar |
| **Gewöhnliche Steinmispel** <br> Cotoneaster integerrima | Berghänge | rot, wenig giftig |

| Name | Standort | Früchte |
|---|---|---|
| **Filzige Steinmispel** Cotoneaster tomentosa | Berghänge | filzig-rot, ungeniessbar |
| **Schwarzdorn-Schlehe** Prunus spinosa | Gebüsche | blau, verwertbar |
| **Besenginster** Cytisus scoparius | Waldränder | Hülsenfrüchte, ungeniessbar |
| **Stechpalme** Ilex aquifolium | Wälder | korallenrot, giftig |
| **Seidelbast** Daphne mezereum | Wälder, Felsschutt | rote Steinfrüchte, sehr giftig |
| **Roter Hornstrauch** Cornus sanguinea | Gebüsche | blauschwarz, in Dolden, giftig |
| **Gem. Pfaffenhütchen** Euonimus europaea | Gebüsche | rote Kapseln, giftig |
| **Gemeiner Kreuzdorn** Rhamnus cathartica | Gebüsche | schwarze Beeren, ungeniessbar |
| **Faulbaum** Frangula alnus | Gebüsche, Moore | schwarze Beeren, giftig |
| **Liguster** Ligustrum vulgare | Gebüsche | schwarze Beeren, giftig |
| **Schwarzer Holunder** Sambucus nigra | Gebüsche | schwarze Beeren in Trugdolden, essbar |
| **Roter Holunder** Sambucus racemosa | Waldschläge | rote Beeren in Trauben, verwertbar |
| **Schneebeere** Symphoricarpos albus | kultiviert, aus Amerika | weisse («Schnoder»-)Beeren, giftig |
| **Wolliger Schneeball** Viburnum lantana | Gebüsche | rot-schwarze Beeren, giftig |
| **Gemeiner Schneeball** Viburnum opulus | Gebüsche | rote Beeren, ungeniessbar |
| **Rote Heckenkirsche** Lonicera xylosteum | Wälder, Gebüsche | rote Doppelbeeren, giftig |
| **Schwarze Heckenkirsche** Lonicera nigra | Nadelwälder | schwarze Doppelbeeren, giftig |
| **Alpen-Heckenkirsche** Lonicera alpigena | Bergwälder | dunkelrote Beeren, giftig |

Die weissen Blüten des Schwarzdorns erstrahlen vor dem Blattaustrieb.

# Wiesen

Die appenzellischen Wiesen sind Kulturland. Menschen und ihre Tiere haben sie geschaffen. Seit dem neunten Jahrhundert reuteten, schwendeten, brannten – also rodeten – Einwanderer aus dem Norden Wald und schafften sich dadurch ihre Lebensgrundlage. Die waldfreien Flächen wurden sonniger, aber vom Wind stärker gepeitscht; das Lokalklima veränderte sich.

Die Nutzung der Wiesen als Futtergrundlage für Kühe, Ziegen und Schafe ist die wirtschaftlichste Methode zur Erhaltung des Kulturlandes und des Landschaftsbildes im Hügel- und Berggebiet.

Ertragreiche Wiesen sind Grasgesellschaften. Ohne regelmässige Mahd oder Beweidung würden sie in wenigen Jahren verbuschen und sich allmählich wieder zu Wald entwickeln. Wiesen sind künstlich waldfrei gehaltene Grünflächen mit unterschiedlich zusammengesetzten Grasgesellschaften, heisst es in einem lexikografischen Eintrag. Nach dieser Definition sind ungenutzte Sumpfwiesen und Alpenrasen keine Wiesen.

Kunstwiesen, Naturwiesen, Dauerwiesen, Futterwiesen, Streuewiesen, Fettwiesen, Magerwiesen, Trockenwiesen, Sumpfwiesen… Kunstwiesen sind keine Dauergesellschaften; sie sind eingesät und werden jährlich oder alle zwei bis drei Jahre umgebrochen. Sie wechseln mit Getreide, Kartoffeln oder Gemüse ab. Ohne Umbruch wandeln sie sich nach etwa vier Jahren zu Naturwiesen. Kunstwiesen sind bei uns selten. Gelegentlich wird nach einem Anbau von Mais oder Rüben wieder auf Gras umgestellt, dann zeigt die angesäte Fläche in den ersten Jahren Charakterzüge einer Kunstwiese.

Die Wiesen im Appenzellerland sind meist Natur- und Dauerwiesen. Sie werden selten durch Einsaat spezieller Grasarten verändert, vielmehr sind sie von natürlichen oder menschlichen Faktoren beeinflusst:

- Klima (Temperaturen, Niederschlagsmengen, Schneebedeckungszeit, Licht, Wind, Nebel)
- Boden (Typ, Tiefgründigkeit, Dichte, Wasser)
- Exposition (sonnen- oder schattenseitig)
- Geländeform (flach, steil, buckelig)
- Düngung (Art, Häufigkeit, Menge)
- Nutzung (Schnittregime, Pflege, Weidgang)
- Mechanisierung (Maschineneinsatz, Bodendruck)

Das Klima ist im engen Raum des Appenzellerlandes hauptsächlich von der Höhenlage abhängig. Klima, Exposition und Gelän-

deform sind weitgehend naturgegeben. Die Bodenbeschaffen-
heit war einst ebenfalls naturgegeben, ist aber durch Verdichtung mit Traktoren, Entwässerungen, Meliorationen und Düngung verändert worden. Niederschläge und Hangwasser versickern je nach Bodentyp und Gründigkeit schneller oder langsa-
mer.

Die Düngung spielt eine zentrale Rolle. Mit der Düngung gibt
der Bauer dem Boden Nährstoffe zurück, die er ihm durch die
Heuernte oder durch die Beweidung entzogen hat. Ohne Düngung versiegen die Nährstoffe allmählich und Magerwiesen entstehen. Zwar lieben die Botaniker solche blumenreichen Flächen,
aber dem Landwirt bringen sie nur wenig Ertrag.

Jahrhundertelang gaben die Bauern dem Boden zurück, was
von ihren Haustieren an Harn und Kot samt Einstreu (Laub, Sauergräser, Stroh) angefallen ist. Auch die menschlichen Abwässer
wurden regelmässig auf die Wiesen geschüttet. Der Nährstoff-
kreislauf war fast ausgeglichen. Erst in der Neuzeit seit 1960 ge-
riet dieser Kreislauf zunehmend aus dem Gleichgewicht. Die
Agrarpolitik forderte von den Bauern höhere Erträge. Die neue
Technik (Erntemaschinen, Druckfässer, Heubelüftung, Silage) er-
möglichte es, grössere Flächen zu bewirtschaften, früher zu ern-
ten und höhere Erträge zu erzielen. Diese Intensivierung des Fut-
terbaus führte zu einer Verarmung der Pflanzenvielfalt. Dazu ka-
men auf einigen Betrieben bedeutende Mengen an Futter-
zukäufen für Milchvieh, Schweine und Geflügel; es entstand
mehr Mist und die Böden wurden überdüngt. Der Einsatz von
Kunstdüngern und Klärschlamm verschärfte die Situation zusätzlich. Durch die neue Agrarpolitik wird mit folgenden Massnahmen dieser Entwicklung entgegengesteuert:

- Abkehr von den produktegebundenen Fördermassnahmen
  der öffentlichen Hand
- Förderung der ökologischen Bewirtschaftung durch
  gezielte Ausrichtung von Direktzahlungen
- Förderung von Bio-Landbau und integrierter Produktion
- Ausscheidung ökologischer Ausgleichsflächen, die nicht
  oder nur mässig gedüngt werden dürfen
- Späterer Schnittzeitpunkt für Heu und Emd

Einige Pflanzenarten verschwinden mit zunehmender Düngung,
weil einzelne Futtergräser Nachbarpflanzen verdrängen oder
weil Begleitpflanzen den hohen Nitratgehalt nicht ertragen:
Margerite, Östlicher Wiesen-Bocksbart (= Habermark), einzelne
Klee-Arten, Knabenkräuter. So haben sich viele farbenfrohe Wiesen in uniform sattgrüne Grasfelder verwandelt. Wo Ampfern

noch mithalten, werden sie bekämpft, häufig mit chemischen Mitteln. Einzig Löwenzahn und Scharfer Hahnenfuss bringen in mittleren Lagen etwas Gelb in die Landschaft. Viele Bauern haben erkannt, dass Kräuter für das Vieh ebenso gesund sind wie für die Menschen. Im Idealfall enthält eine Wiese neben zwei Dritteln Gräser 20 bis 30 Prozent Schmetterlingsblüher, besonders Klee-Arten und Wicken sowie 10 bis 20 Prozent andere Kräuter wie Kerbel, Bärenklau, Spitz-Wegerich, Löwenzahn.

Fettwiese mit viel Löwenzahn.

Auf der nächsten Doppelseite: Blumenprächtige Magerwiese.

Die Bauern werden häufig gerügt, wenn sie *pschötten*. Zu Recht, wenn eine Überdüngung zur Verschmutzung von Gewässern führt. Wiesen sind keine Düngerdeponien. Ohne Düngung würden die Wiesen aber ertragsarm und unwirtschaftlich. Die mit der Grasernte weggeführten Nährstoffe müssen mindestens zum Teil zurückgeführt werden. Vor wenigen Jahren lehrte man an den landwirtschaftlichen Schulen noch, aus den Wiesen alles herauszuholen, was möglich sei. Heute weiss fast jeder Bauer, was nachhaltig gut ist, und verzichtet auf die Zufuhr hoffremder Nährstoffe und auf Überbestände im Stall. Die höchste jährliche Düngemenge ist gesetzlich geregelt.

Die natürlichen Dünger sind Gülle, Jauche und Mist. Sie wirken unterschiedlich rasch, enthalten viel Stickstoff oder Kalium; ihr richtiger Einsatz verlangt gute Kenntnisse und Erfahrung. Je nach Nutzungsart, Pflanzenzusammensetzung, Topografie und anzustrebendem Ziel muss unterschiedlich gedüngt werden.

Die Nutzungsart beeinflusst den Wiesencharakter ebenfalls stark. Bei einmaligem Schnitt bleiben die Pflanzen lange stehen, fast bis die ersten Gräser zu verholzen beginnen. Frühblüher haben bis zum Schnitt ihre Vegetationsperiode abgeschlossen und können im folgenden Jahr wieder gedeihen: Weiche Trespe, Wiesen-Schaumkraut, Wald-Schlüsselblume, Rote Waldnelke. Spät blühende Arten ertragen das sommerliche Abgeschnittenwerden kaum. Grünfütterung, Silage und Heubelüftung ermöglichen frühere und zahlreichere Schnitte und verringern dadurch die Zahl der Pflanzenarten; viele Schnitte bringen andererseits mehr Licht zu den niedrigen Kräutern, die unter dem Mähbalken ungeschoren bleiben. Jedes Schnittregime hat seine spezifischen Auswirkungen.

Neben dem Schnitt verändert auch die Beweidungsart das Aussehen einer Wiese. Wann wird beweidet, wie lange und durch welche Tiere? Da und dort ist die Bodenverdichtung zum Problem geworden. Guter Boden benötigt viel Hohlraum für Wasser und Luft. Mit dem Einsatz schwerer Maschinen und bei Beweidung mit schweren Tieren bei nassem Wetter verkleinern sich die wertvollen Bodenporen, der Pflanzenbestand verändert und verringert sich. Wo eine Verdichtung stattgefunden hat,

können nur Regenwürmer helfen, diese mit der Zeit wieder zu lockern. Horstgräser sind auf regelmässige Versamung im Juni angewiesen, sonst verschwinden sie, beispielsweise Knaulgras und Italienisches Raygras.

Eine Are intensiv bewirtschaftete Kunstwiese im Mittelland ergibt aus Gras und Heu 124 Liter Milch, eine wenig intensiv bewirtschaftete Fromental-Wiese dagegen nur 66 Liter (aus: «Die Grüne», 1991).

Klima, Boden, Düngung und Nutzungsart sind die wichtigsten Faktoren, die zu unterschiedlichen Wiesengesellschaften führen. Die Hauptgesellschaften heissen, ohne Berücksichtigung der Alpweiden:

- Italienische Raygras-Wiesen in tiefen Lagen, intensiv gedüngt und genutzt, nicht beweidet, im Appenzellerland selten anzutreffen.
- Englisch-Raygras-Mähweiden, intensiv gedüngt und genutzt, dominiert ebenfalls in Wiesen tieferer Lagen, wo viel geweidet wird, kann aber an Südhängen bis gegen 1000 Meter aufsteigen.
- Fromental-Wiesen in tiefen Lagen, mässig gedüngt, aber eher spät genutzt. Stete Begleiter sind Rot- und Weiss-Klee, Zaun- und Vogel-Wicke, Wiesen-Labkraut, Margerite, Habermark und Feldwitwenblume.
- Goldhafer-Wiesen in höheren Lagen, gut gedüngt, aber eher spät genutzt. In ihnen finden sich ebenfalls Rot- und Weiss-klee, daneben oft Schlangen-Knöterich, Gemeiner Frauen-mantel und Wald-Storchschnabel. Sie steigen hoch hinauf, wo sie von Krokus und noch höher oben von Braun-Klee und Gold- Pippau begleitet sind.
- Magerwiesen.

Diese theoretische Einteilung der Hauptgesellschaften zeigen in natura Übergänge und örtlich spezifische Ausprägungen. Die Landwirte benennen ihre Wiesen nach ihrer Erscheinung als Fuchsschwanz-, Kammgras-, Knaulgras- oder Raygras-Wiese.

Einige Gräser stammen aus dem früheren Wald (z.B. Gemeines Rispengras), entwichen Felsenheiden oder Felsengesimsen (z.B. Knäuelgras), dem Legföhrengürtel (z.B. Aufrechte Trespe) oder den Sumpfrändern (z.B. Kammgras). Andere sind aus Westasien (z.B. Englisches Raygras) oder aus dem atlantischen Raum eingewandert (z.B. Goldhafer) oder sie sind bewusst und unbewusst durch den Menschen eingeschleppt worden (z.B. Fromental aus Frankreich, Italienisches Raygras). Viele heutige Gräser sind durch Züchtung veredelt worden. Solche Kultursorten oder

## HÄUFIGE GRASARTEN IN APPENZELLER WIESEN

**Aufrechte Trespe**
   Bromus erectus

Geringer Futterwert. Auf nährstoffarmen Böden.
Guter Bodenbefestiger. Horste bildend.

**Gersten-Trespe**
**= Weiche Trespe**
   Bromus hordeaceus

Geringer Futterwert. Lückenbüsser. Einjährig überwinternd.

**Wiesen-Schwingel**
   Festuca pratensis

Wertvolles Futtergras in vielen Lagen.

**Rot-Schwingel**
   Festuca rubra

Viele Unterarten, meist mittelwertig. Rasenbildendes Untergras,
macht trittfeste Grasnarben. Magerkeitszeiger.

**Alpen-Rispengras**
**= Romeie**
   Poa alpina (vivipara)

Wertvoll, besonders in der subalpinen Stufe. Oft
mit Brutknöllchen zur ungeschlechtlichen Vermehrung.

**Gemeines Rispengras**
   Poa trivialis

Als Heu geringwertig; besser, aber ertragsarm
im Emd. «Grasfilz».

**Wiesen-Rispengras**
   Poa pratensis

Ertragreich und wertvoll. Guter Lückenfüller.
Halme verhärten schnell. Gutes Weidegras.

**Knäuelgras**
   Dactylis glomerata

Ertragreich. Emd wertvoller als Heu. Auch in Waldlichtungen.
Gerne auf Lehmböden. Starke Horste bildend.
Frühblüher, rasch verholzend.

**Gemeines Kammgras**
   Cynosorus cristatus

Gutes Weidegras. Bis in die subalpine Stufe.

**Kriechende Quecke**
   Agropyron repens

Mittlerer Futterwert im Heu. Als Weidegras bei hohem
Anteil verschmäht. Auch in Gärten und an Wegen.

**Englisches Raygras**
**= Ausdauernder Lolch**
**= Deutsches Weidelgras**
   Lolium perenne

Sehr gutes und ertragreiches Futtergras. Trittfest.
Auch für Sportrasen.

**Italienisches Raygras**
**= Vielblütiger Lolch**
**= Welsches Weidelgras**
   Lolium multiflorum

Sehr ertrag- und energiereich, unter 800 Metern.
Einjährig bis ausdauernd, starke Horste bildend.
Erträgt keine verdichteten Böden.

**Borstgras**
   Nardus stricta

Geringwertiges Futtergras, wird nur jung gefressen.
Auf entkalkten Böden. Bodenfestiger in hohen Hanglagen.

**Weiches Honiggras**
   Holcus mollis

Mittelwertig. Name wegen der süsslich schmeckenden Halme.
Horste bildend. Frühblüher, schnell verholzend.

**Rasen-Schmiele**
**= Horstbildende Schmiele**
   Deschampsia caespitosa

Wertlos bis gesundheitsschädlich.
Bis in die alpine Stufe.

| | |
|---|---|
| **Fromental = Glatthafer** <br> **= Französisches Raygras** <br> Arrhenatherum elatius | Grobes Futterheu, gehaltvolles Emd. Bis etwa 1000 Meter. |
| **Goldhafer** <br> Trisetum flavescens | Sehr gutes Futtergras, wenn reif. Spätblühend, meist erst im zweiten Schnitt. Bestimmte Inhaltsstoffe in Jungpflanzen können die Krankheit Enzootische Kalzinose bewirken; im Appenzellerland kaum bekannt. |
| **Flaum-Wiesenhafer** <br> Helictotrichon pubescens | Sehr schönes Gras, aber ertragsarm und geringwertig. |
| **Haar-Straussgras** <br> **= Gemeines Straussgras** <br> Agrostis capillaris | Mittelwertig, auf Alpen gut. Auch an Wegrändern und in lichten Wäldern. |
| **Kriechendes Straussgras** <br> Agrostis stolonifera | Mittelwertig auf feuchten Wiesen, eher ein Unkraut. |
| **Wiesen-Lieschgras** <br> **= Timothe** <br> Phleum pratense | Gut und ertragreich. Wertvoll in Dauerweiden. Spätblühend. |
| **Wiesen-Fuchsschwanz** <br> Alopecurus pratensis | Ertragreiches, mittelwertiges und etwas hartes Futtergras. Konkurrenzstark und widerstandsfähig gegen Spätfröste und lange Schneebedeckung. Frühblüher, daher oft schon zu alt beim ersten Schnitt; gutes Emd. |
| **Gemeines Ruchgras** <br> Anthoxanthum odoratum | Häufiges, rohfaserreiches Futtergras. Riecht nach Waldmeister (Cumarin). Frühblüher, wird schnell hart. Magerzeiger. |

-sippen sind meist hochwüchsiger und ertragreicher oder den gegebenen Böden besser angepasst. Dies gilt nicht nur für die Getreide (Grasarten), sondern ebenso für gewöhnliche Gräser. Fast alle Futtergräser sind mehrjährig oder ausdauernd. Von den oben genannten sind das Italienische Raygras und die Weiche Trespe oft nur einjährig. Die Rote Waldnelke, die Wald-Schlüsselblume und andere Kräuter dürften auch schon im einstigen Urwald vorgekommen sein. Die wenigen Fremdlinge sind meist Überreste einstigen Ackerbaus und gelten häufig als Unkräuter in den heutigen Wiesen.

Wenn im Herbst die Blätter gefallen sind und auch die Herbst-Zeitlose ihre Zeit hinter sich hat, erblühen auf Wiesen nochmals vereinzelte Pflanzen. In den montanen Wiesen erscheint Rot-Klee mancherorts fast üppig, kümmerliche Formen des Scharfen Hahnenfuss setzen gelbe Punkte, und die Gänseblümchen nutzen das Licht, das sie im Dickicht der Gräser nicht fanden.

In vielen Gegenden der Schweiz war man sich gewohnt, dass

hochstämmige Obstbäume auf den Wiesen standen. Sie sind vielerorts von niederstämmigen Kulturen abgelöst worden. Im Appenzellerland sind Obstbäume selten. In den beiden Halbkantonen standen 1991 rund 30 000 Obstbäume, etwa ein Baum pro zwei Einwohner oder 0,74 Bäume pro Hektare. Mehr als die Hälfte davon waren Apfelbäume, gefolgt von Birn-, Zwetschgen- und Kirschbäumen. Im wärmeren Vorderland stehen mehr Obstbäume als in Urnäsch. Immerhin finden sich auch im Hinterland einige schöne Kulturen, etwa im Schwänberg oder in der Sturzenegg bei Herisau.

Wo wenige Nährstoffe im Boden liegen – meist an eher trockenen Stellen – entwickelten sich Magerwiesen. Ihnen fehlen die sattgrünen und hohen Gräser. Sie überlassen ihren Platz der Aufrechten Trespe, dem Flaum-Wiesenhafer und dem Rot-Schwingel. Mit dabei sind oft Zittergras, Fieder-Zwenke, Draht-

**ZWEI DUTZEND SEHR HÄUFIGE WIESENBLUMEN (VON ETWA 160)**
(F- und N-Werte siehe Kapitel Pflanzengesellschaften, Seite 34)

| | | F | N |
|---|---|---|---|
| Scharfer Hahnenfuss | Ranunculus acris | 3 | 3 |
| Rote Wald-Nelke | Silene dioica | 4 | 4 |
| Schlangen-Knöterich | Polygonum bistorta | 4 | 4 |
| Geflecktes Johanniskraut | Hypericum maculatum | 4 | 4 |
| Wiesen-Schaumkraut | Cardamine pratensis | 4 | 4 |
| Wald-Schlüsselblume | Primula elatior | 3 | 4 |
| Gemeiner Frauenmantel | Alchemilla xanthochlora | 4 | 4 |
| Rot-Klee | Trifolium pratense | 3 | 3 |
| Vogel-Wicke | Vicia cracca | 3 | 3 |
| Zaun-Wicke | Vicia sepium | 3 | 3 |
| Wald-Storchschnabel | Geranium sylvaticum | 3 | 4 |
| Wiesen-Kerbel | Anthriscus sylvestris | 3 | 4 |
| Wiesen-Bärenklau | Heracleum sphondylium | 3 | 4 |
| Kriechender Günsel | Ajuga reptans | 3 | 3 |
| Spitz-Wegerich | Plantago lanceolata | 2 | 3 |
| Wiesen-Labkraut | Galium mollugo | 2 | 2 |
| Feld-Witwenblume | Knautia arvensis | 2 | 3 |
| Margerite | Leucanthemum vulgare | 3 | 3 |
| Wiesen-Flockenblume | Centaurea jacea | 3 | 3 |
| Steifhaariges Milchkraut | Leontodon hispidus | 3 | 3 |
| Wiesen-Bocksbart, Habermark | Tragopogon pratensis | 2 | 3 |
| Gebräuchlicher Löwenzahn | Taraxacum officinale | 3 | 4 |
| Wiesen-Pippau | Crepis biennis | 3 | 4 |
| Herbst-Zeitlose | Colchicum autumnale | 3 | 4 |

Die Liste verdeutlicht, wie ähnlich die Ansprüche an Feuchtigkeit (F) und Nährstoffe (N) sind: fast überall 3. Die guten Futtergräser der Dauerwiesen zeigen fast durchwegs die Werte F = 3, N = 4.

Schmiele, verschiedene Hainsimsen und Seggen. Magerwiesen wirken fahler als Fettwiesen, bis die farbigen Blumen von Kuckucks-Lichtnelke, Rot-Klee, Hornklee, Kümmel, Wiesen-Glockenblume, Habermark, Witwenblume, Margerite und verschiedene Pippaue aufleuchten. In höheren Lagen zeigen besonders Berg-Klee, Alpen-Bergflachs, Zypressenblättrige Wolfsmilch, Gefranster Enzian, Skabiose, Rundköpfige Rapunzel, Silberdistel und Stängellose Kratzdistel Magerweiden an. Zwischen Mager- und Fettwiesen gibt es Übergänge. Die weit verbreiteten Krokusse, die im Frühling über alle Hügelketten und in bergnahen Talwiesen weite Striche wie Schneefelder weiss überdecken, ertragen eine mässige Düngung, starke Güllegaben aber nicht. Die Osterglocken (Märzensterne) in Stein reagieren ebenso.

Magerwiesen lassen sich schneller in Fettwiesen umwandeln als umgekehrt. Eine einzige kräftige Kunstdüngergabe in eine humusdünne, vorher magere Hangwiese auf 850 Metern über Meer hatte vor einigen Jahren genügt, alle Fliegen-Ragwurz zu ersticken. (Der Eigentümer wollte diesen oft bewunderten Orchideen helfen!) Sie sind nie wieder gewachsen.

Wird eine Fettwiese der Landwirtschaft entzogen und nicht mehr gedüngt, wohl aber ein- bis zweimal jährlich geschnitten, dauert es unter Umständen über zehn Jahre, bis sich die erwünschten farbigen Wiesenblumen zeigen. Die Freude ist gross, nach dem langen Warten eines Frühjahrs endlich die ersten Margeriten oder Wiesen-Bocksbarte zu entdecken.

Dauerhafte Sumpfwiesen werden jährlich oder gelegentlich geschnitten und als Streue benutzt, heute manchmal auch kompostiert. Ohne Schnitt würden sie verbuschen. Sie sind botanisch wertvoll: Trollblume, Sumpf-Herzblatt, Abbisskraut und Knabenkräuter finden sich darin. Sumpfwiesen, die sich trotz fehlender Mahd dauerhaft erhalten, sind im Kapitel Seen, Sümpfe, Moore (Seite 69ff) besprochen.


## Ruderal-Gesellschaften

*Rudus* heisst lateinisch Schutt. Ruderalgesellschaften sind also Pflanzengesellschaften auf Böden, die vom Menschen unregelmässig gestört werden: Schuttplätze, Ruinen, Wegränder. Sie sind meist stickstoffreich. Fachpersonen unterteilen diese Floren in kurzlebige, beständige und dauernde, in stickstoffarme und stickstoffreiche, nasse und trockene. Im Appenzellerland finden sich zwar zahlreiche Ruderalgesellschaften; weil diese aber meist kleinflächig und in der Gesamtschau eher unbedeutend sind, werden sie hier nicht weiter unterteilt.

Die Aufzählung aller Pflanzen, die auf Schuttplätzen und an Wegrändern wachsen, ergibt eine erstaunlich lange Liste. Mit jenen zusammen, die auch in Gärten, kleinen Äckern oder in Hecken anzutreffen sind, umfasst ein Verzeichnis gegen 200 Namen. Floristen lieben solche Plätze, weil hier oft Neuentdeckungen gelingen. Ruderalstellen bieten Adventivpflanzen (siehe Kapitel Neubürger und Gäste, Seite 28ff) oft eine erste Möglichkeit, sich anzusiedeln: Goldruten, Franzosenkraut, Gras-Schwertlilie gehören zu ihnen.

Auf zeitweise vernässten, meist verdichteten Böden, besonders auf Lehm, leuchten als erste Blumen im Frühjahr die goldgelben Köpfe des Huflattichs. Das «Schlipf-Blüemli» oder «Lehmblüemli» wurzelt bis einen Meter tief und bildet zwei Meter lange unterirdische Ausläufer. Es vermag daher Rutschhänge wirksam zu stabilisieren. Obwohl die Körbchen-Blüten keinen Nektar enthalten, werden sie wegen ihres Pollens von Bienen gerne und häufig besucht.

Der Huflattich siedelt sich in Aufschüttungen oft als erste Blütenpflanze an.

Eine uniforme und europaweit verbreitete Pflanzengesellschaft sind die Trittrasen. Sie sind als Wegränder, Trampelpfade

oder schlecht gepflegte Sportrasen bekannt. In ihnen vermögen nur Pflanzen zu überdauern, die häufiges Niedertreten ertragen: Vogel-Knöterich, Breit-Wegerich, Strahlenlose Kamille, Einjähri-

## AUSWAHL EINIGER TYPISCHER RUDERALPFLANZEN

| | | |
|---|---|---|
| Schöllkraut, Warzenkraut | Chelidonium majus | in niederen Lagen auf trockenen Böden |
| Guter Heinrich | Chenopodium bonus-henricus | sehr nährstoffbedürftig |
| Weisser Gänsefuss | Chenopodium album | nährstoffliebend, auf trockenen Böden |
| Stumpfblättriger Ampfer | Rumex obtusifolius | nährstoffliebend |
| Kleine Malve = Käslikraut | Malva neglecta | sehr nährstoffliebend |
| Acker-Täschelkraut | Thlaspi arvense | nährstoffliebend |
| Weisser Honigklee | Melilotus albus | auf trockenen Böden |
| Ruprechtskraut | Geranium robertianum | nährstoffliebend |
| Gemeine Kratzdistel | Cirsium vulgare | nährstoffliebend |
| Bitterkraut | Picris hieracioides | nährstoffliebend, auf trockenen Böden |

ges Rispengras (Spitzgras) und Englisches Raygras. Trampelwege sind meist von weit her erkennbar, weil sie dunkelgrüner sind als die sie umgebende Wiese. Ihre Artenzusammensetzung ist wegen der Trittbelastung und der Zufuhr von Nährstoffen durch schmutzige Schuhe sichtbar anders.

Auf Bahnarealen haben Floristen lange Listen von Adventivpflanzen zusammengestellt. Häufig verschwinden einzelne Arten schon nach kurzer Zeit wieder oder werden durch Abbrennen und Herbizidanwendung vernichtet. Auf Bahnanlagen können Pflanzenwurzeln den Schotter derart durchstossen, dass sich die Gleise verschieben. 1918 hatte W. Koch auf dem Areal des Bahnhofs Herisau 78 nicht-einheimische Pflanzen gezählt, die aus Samen aller Herren Länder ausgekeimt waren. Bahnareale sind auch heute nicht frei von ungebetenen Pflanzengästen, deren Herkunft ist jedoch weniger breit gestreut. Viele Güter werden heute auf der Strasse befördert und für Schienentransporte werden dichtere Emballagen verwendet; der offene Umlad von einem Güterwagen auf ein Pferdegespann ist nur noch auf alten Bildern zu bestaunen. Der Wegflug fremder Samen ist deshalb seltener geworden. Einheimische Ruderalpflanzen sind aber weiterhin zahlreich, trotz Vernichtungsaktionen mit Giften und Feuer. In Herisau sind im Herbst 1997 einige dieser Arten entdeckt worden: Acker-Täschelkraut, Wald-Weidenröschen, Berg-Ahorn, Ruprechtskraut, Gemeines Greiskraut, Rauhe Distel, Löwenzahn, Mauerlattich und viele andere Korbblütler, die nur im blühenden Zustand genau bestimmt werden können, und das Einjährige Rispengras.

## Seen, Sümpfe, Moore

Neben den drei Bergseen im Alpstein (Seealpsee, Sämtisersee und Fälensee) gibt es nur wenige natürliche Kleinseen (Forst- und Wildseeli), ein paar Tümpel und einige gestaute Weiher. So unbedeutend diese stehenden Kleingewässer flächenmässig sind, als ökologische Kleinode sind sie wertvoll und als Amphibienreservate erreichen sie sogar hohe Bedeutung. Zusammen mit den Spezialisten anderer Nassstandorte tragen die Uferpflanzen einiges zur Vielfalt der Flora bei. Der Grund, weshalb es im Appenzellerland viel weniger Seen gibt als beispielsweise im nahen Allgäu, liegt in der Tektonik. Nach der letzten Kaltzeit bildeten sich Seen besonders dort, wo die Molasseunterlage waagrecht liegt. Über den aufgerichteten und verbogenen Schichten stauten sich zwar auch einige Schmelzwasser (z. B. bei Gonten), aber sie liefen später aus und andere kleine Seen verlandeten schnell (z.B. späteres Naienriet).

Aus den Bergseen ist botanisch wenig Spezifisches zu nennen. Im Seealpsee sind der Haarblättrige Wasser-Hahnenfuss, im Sämtiser- und Seealpsee das Kammförmige Laichkraut und im Fälensee die Wasserpest gesehen worden. Am Fälensee bildete sich wegen der steilen Böschung keine eigentliche Uferflora, und am Sämtiser- und Seealpsee reichen Weideflächen bis ans Wasser. Im hinteren Teil des Sämtisersees taucht beim sommerlichen Absinken des Seespiegels etwas Seewiese auf mit Quellgras und Gauchheil-Ehrenpreis. Das Forstseeli an der Fänern auf knapp 1200 Metern ist vom Wald eingeschlossen und zeigt am Ufer die Pflanzen feuchter Bergwälder: Schachtelhalme, Gelbes Berg-Veilchen und andere. Früher, um 1930, soll auf der Wasseroberfläche das Schwimmende Laichkraut gesehen worden sein. Diese Pflanze ist weit herum selten geworden, aber ein Fund in einem Tümpel beim Resspass anno 1976 zeigt, dass dieses lichtbedürftige Laichkraut in der Gegend nicht ausgestorben ist.

Der Saumweiher bei Herisau, ein alter Stauweiher für einen einstigen Textilbetrieb, mit ehemals schönem Rietboden dahinter, wurde schon 1858 unter Schutz gestellt. In der Zwischenzeit ist er so stark mit Nährstoffen belastet, dass neben dem früher häufig beobachteten Laubfrosch auch einige Pflanzen verschwunden sind wie das Schwimmende Laichkraut, das Pfeilkraut (vermutlich einst eingepflanzt), der Wilde Reis (unsicher), der Froschlöffel. Geblieben sind die Gelben Schwertlilien, die sich, einst eingepflanzt, gut entwickeln und stark vermehren. Bis in die Sechzigerjahre kletterten zahlreiche Laubfrösche an ihnen hoch. Eindrücklich sind die gewaltigen Horste der Rispen-Segge. Die Rietwiese im hinteren Teil ist ebenfalls verarmt: Binsen, Seggen und

Mädesüss haben Wollgras und Handwurz in Bedrängnis gebracht.

Aus eigener Initiative hat ein inzwischen verstorbener Bauer eine moorige Fläche am Gäbris so umgestaltet, dass das vielgestaltige und liebliche Gäbris-Seeli entstanden ist. Es bereitet mit seinen Enten, Fischen und den vielen einheimischen und fremden Uferpflanzen vielen Spaziergängern Freude und Erholung, ist aber eher ein Park als ein Naturreservat.

Einige kleine Weiher stammen aus der Zeit, als man darin *Teuchel* (hölzerne Wasserleitungen) gegen das Schwinden eingelegt, Löschwasser gesammelt oder mit ihrem Wasser Sägereimaschinen angetrieben hatte. Wo solche *Roosen* noch bestehen, sind sie der Verlandung nahe oder werden als Biotope gepflegt und mit allerlei Pflanzen bestückt: Seerosen, Rohr- und Igelkolben, Schwertlilien. Jeder Weiher hat seine Eigenart, allen gemeinsam ist ihr Wert als Laichplatz für Amphibien.

Wasserführende Gräben sind wertvolle Landschaftselemente. Zu viele davon sind zugeschüttet und ihr Wasser durch Röhren geleitet worden. Die Pflanzen solcher Gräben unterscheiden sich wenig von denen der Bachufer und Sümpfe. Neben der Bodenfeuchtigkeit bestimmen andere Faktoren, besonders die Helligkeit, was da wächst. Für Blumenfreunde sind Gräben lohnende Standorte, weil die Pflanzen hier kaum oder erst spät geschnitten und darum in allen Stadien beobachtet werden können. Freude bereitet die Entdeckung des Fieberklees mit seinen weissen, innen bärtigen Kronzipfeln. Er kommt zwar nicht häufig, aber doch in allen Bezirken und bis in den inneren Alpstein hinauf vor, und zwar nicht bloss in Mooren, wie es einige Bücher behaupten, sondern auch in fast normalen Wiesengräben. Die dreizähligen Blätter haben der Pflanze den Nachnamen -klee eingetragen, und erst die regelmässigen Blüten mit fünf weissen, bärtigen Kronblättern bringen von der Klee-Idee wieder ab: Der Fieberklee ist ein Enziangewächs!

Besonders in den Sumpfalpen Petersalp-Schwägalp und Widderalp-Säntis ist die Davalls-Segge häufig. Im innern Säntisgebiet über 1500 Metern, auf Häderen, Meglisalp und Messmer fällt Scheuchzers Wollgras auf.

An Quellen mit meist sauerstoffreichem kaltem Wasser, das selten oder spät gefriert, bilden sich Quellfluren. Die überrieselten Felsen und Rohböden sind von Algen und Moosen überdeckt. An kalkreichen Quellen entwickelt sich im Allgemeinen die Bach-Gänsekresse, die dieser Gesellschaft den Namen Gänsekressen-Flur gibt, aber im Appenzellerland nur selten, nämlich auf der Potersalp, auftritt. Viel häufiger und wegen seiner gelben Blütensterne auffällig ist der Bewimperte Steinbrech. An weniger kalk-

| | | |
|---|---|---|
| Sumpf-Schachtelhalm | Equisetum palustre | |
| Schlamm-Schachtelhalm | Equisetum fluviatile | Verlandungs-Pionier |
| Kleiner Sumpf-Hahnenfuss | Ranunculus flammula | |
| Moor-Sternmiere | Stellaria alsine | |
| Vierflügeliges Johanniskraut | Hypericum tetrapterum | in tiefen Lagen |
| Bitteres Schaumkraut | Cardamine amara | |
| Pfennigkraut | Lysimachia nummularia | |
| Moor-Geissbart, Mädesüss | Filipendula ulmaria | |
| Bach-Nelkenwurz | Geum rivale | |
| Blut-Weiderich | Lythrum salicaria | |
| Sumpf-Weidenröschen (und Verwandte) | Epilobium palustre u. a. | |
| Fieberklee | Menyanthes trifoliata | Verlandungs-Pionier |
| Sumpf-Vergissmeinnicht | Myosotis scorpioides | |
| Wallwurz, Beinwell | Symphytum officinale | |
| Bachbungen-Ehrenpreis | Veronica beccabunga | |
| Kohldistel | Cirsium oleraceum | |
| Kleines Laichkraut | Potamogeton berchtoldii | |
| Steife Segge (und Verwandte) | Carex elata u. a. | |

haltigen Quellen findet sich von der kollinen bis zur subalpinen Stufe das Bittere Schaumkraut ein, oft begleitet von der Sumpf-Dotterblume. Nickendes und Mierenblättriges Weidenröschen erscheinen häufig im voralpinen Gebiet. Der Sternblütige Steinbrech mit den zwei gelben Flecken auf den weissen Kronblättern ist in hohen Lagen des Säntisgebietes verbreitet.

Ein Moor ist ein Nassstandort auf unvollkommen abgebauter pflanzlicher Substanz (Torf) und trägt eine charakteristische Pflanzendecke. Mit dieser Kurzdefinition gelingt die Abgrenzung zu den Sümpfen – sie liegen nicht auf Torf – wie auch gegen Heiden – sie sind trocken. Die charakteristische Pflanzendecke deutet an, dass sich diese von andern Nassstandorten klar unterscheidet. Umgangssprachlich begegnet man den Begriffen Moos, Mösli, Ried und Riet. Diese Ausdrücke sind meist althergebracht und naturwissenschaftlich nicht klar definiert.

Torf ist eine Humusform aus wenig zersetzten Pflanzenresten, ein Produkt der unvollkommenen Zersetzung abgestorbener pflanzlicher Substanz in Mooren unter Luftabschluss, wobei die Pflanzenstruktur teilweise erhalten bleibt und der Anteil an kolloidalen Humusstoffen zunimmt.

Nacheiszeitliche Seen oder Weiher waren Ursprung der Moore. Diese begannen zu verlanden, wurden seichter und ihre Ufer flacher. Schilf- und Seggenbestände wucherten. Schwingrasen bildeten sich. Abgestorbene Pflanzen und Pflanzenteile versanken im Wasser und zersetzten sich wegen Sauerstoffmangel nur unvollständig, nämlich zu Torf statt wie sonst üblich zu Humus. Um den kleiner werdenden See herum bildete sich eine moorige Zone, die langsam in einen Bruchwald mit Birken und Erlen, später auch mit Föhren, überging. Zuletzt wuchs der ganze See zu: Ein Flachmoor war entstanden.

Unter bestimmten Umständen wäscht reichlicher Niederschlag die Mineralsalze des Moores in die Tiefe oder schwemmt sie ab. Auf dem nährstoffarmen Boden setzen sich Torfmoose fest und breiten sich zu grossen Polstern aus, bis sie mit der Zeit einen geschlossenen Teppich ausgelegt haben. Unten sterben die Moose durch zunehmenden Lichtmangel ab und vertorfen, oben spriessen sie weiter. Uhrglasförmig hebt sich der Moorkörper aus dem Grundwasser heraus und baut ein neues, eigenes Wasserregime auf, das ausschliesslich von nährstoffarmem Niederschlagswasser gespiesen wird. Ein Hochmoor ist geworden. Hochmoore erhalten sich bloss an Orten, wo kein Hang- oder Grundwasser Nährstoffe zuführt. Die Niederschlagsmenge muss so hoch sein, dass sie die Verdunstung übersteigt.

Viele Menschen glauben, ein Hochmoor sei ein Moor der Berge, wo hingegen das Flachmoor im Flachland liegen müsse. Dem ist nicht so!

Ein Hochmoor ist hoch, weil es im Idealfall innen aufgewölbt ist. Es ist sehr nährstoffarm und zeigt im Vergleich zum Flachmoor mit seinem mineralreicheren Wasser eine typische, sehr artenarme und einmalige Pflanzengesellschaft. Der Torf der Hochmoore ist sauer und fein (Moostorf), während Flachmoortorf etwa neutral reagiert und faseriger ist. Beide können unverfaultes Holz, sogar Stämme, enthalten, das von am Rande umgestürzten Bäumen stammt.

Weil Torf während Notzeiten und bis zum Zweiten Weltkrieg zu Heizzwecken abgebaut wurde, sind die Moore erhalten geblieben. Dies scheint paradox, stimmt aber dennoch für viele Gebiete. Ohne Torfstecherei wären alte Moore überwachsen. In den ausgebeuteten Gruben und Löchern konnte sich wieder Wasser sammeln, neue Moose überzogen dieses, und die Verlandung begann von neuem. Wo der Torf völlig abgebaut worden ist und wo Gräben oder Rohre Hang- und Niederschlagswasser ableiten, sind landwirtschaftliche Nutzflächen entstanden. Dies war aus damaliger Sicht ein sinnvolles Unternehmen zur Gewinnung von landwirtschaftlich nutzbarem Boden.

Die Frage ist kontrovers, ob und wie stark man heute bestehende Moore in ihrer Entwicklung hemmen soll, um sie zu erhalten. Das Ausreissen von Fichten ist für die einen ein unerlaubter Eingriff in das Naturgeschehen, andere befürworten dies, weil die Existenz vieler Hochmoore nur der früheren Nutzung zu verdanken ist. In Norddeutschland wird das *Entkasseln* der Moore wissenschaftlich begründet und von Naturschutzverbänden unterstützt.

## FLACHMOORE VON NATIONALER BEDEUTUNG IM APPENZELLERLAND

| | |
|---|---|
| Höch-Hirschberg | Appenzell-Rüte-Gais |
| Gontenmoos (4 Parzellen) | Gonten |
| Hütten, Hüttenberg, | |
| Löchli und Gschwend | Gonten |
| Wartegg und Rossweid | Schwende |
| Potersalp (2 Parzellen) | Schwende-Hundwil |
| Rietlerwald, Langmoos | Gais |
| Cholwald, Trämelloch | Hundwil-Urnäsch |
| Haumösli, Egg, Breitmoos, | |
| Fischeren | Urnäsch |
| Stillert, Schwarzenberg, Gisleren | Urnäsch |
| Stöck-Gschwend | Urnäsch |

Daneben gibt es kleinere Moore von regionaler oder lokaler Bedeutung.

## TYPISCHE PFLANZEN APPENZELLISCHER FLACHMOORE

| | |
|---|---|
| **Mehl-Primel** | Primula farinosa |
| **Sumpf-Herzblatt** | Parnassia palustris |
| **Grosser Wiesenknopf** | Sanguisorba officinalis |
| **Blutauge** | Potentilla palustris |
| **Moorenzian** | Swertia perennis |
| **Sumpf-Läusekraut** | Pedicularis palustris |
| **Gemeines Fettblatt** | Pinguicula vulgaris |
| **Abbisskraut** | Succisa pratensis |
| **Breitblättriges Wollgras** | Eriophorum latifolium |
| **Schmalblättriges Wollgras** | Eriophorum angustifolium |
| **Davalls Segge** | Carex davalliana |
| **Igelfrüchtige Segge** | Carex echinata |
| **Braune Segge** | Carex nigra |
| **Steife Segge** | Carex elata |
| **Hirsen-Segge** | Carex panicea |
| **Hostssegge** | Carex hostiana |
| **Blaues Pfeifengras** | Molinia caerulea≠≠ |
| **Kelch-Liliensimse** | Tofieldia calyculata |

Der Bundesrat ist aufgrund des Natur- und Heimatschutzgesetzes verpflichtet, Moore von nationaler Bedeutung zu bezeichnen. Mit der Annahme der Rotenthurm-Initiative 1987 wurde ausserdem die Pflicht, «Moore und Moorlandschaften von besonderer Schönheit» zu schützen, in der Bundesverfassung verankert. Als Moorlandschaften von nationaler Bedeutung sind im Appenzellerland zwei Gebiete bezeichnet worden:

– Das Schwägalpgebiet, verteilt auf die Kantone St.Gallen und beide Appenzell
– Das Fänerengebiet in Innerrhoden

Hochmoor mit schneidigem Wollgras und Bergföhren auf dem Suruggen bei Trogen.

Hochmoor mit Schlenken im Schwägalpgebiet.

## HOCHMOORE VON NATIONALER BEDEUTUNG IM APPENZELLERLAND

| | |
|---|---|
| Nisplismoos | Appenzell-Rüte |
| Gontenmoos, Hütten, Löchli | Gonten |
| Hirschberg | Rüte-Gais |
| Helchen, Vordere Wartegg | Schwende |
| Potersalp | Schwende-Hundwil |
| Hofguet, Foren/Schachen | Gais |
| Suruggen | Trogen |
| Schwägalp | Hundwil (-Krummenau) |
| Cholwald | Urnäsch-Hundwil |
| Südöstlich Beldschwendi | Schwellbrunn |
| Foren, Burket, Paradiesli | Urnäsch |
| Bruggeren, Stillert, Fischeren | Urnäsch |
| Guggenhalden, Schwarzenberg, Gisleren | Urnäsch |
| Breitmoos, Stöck, Telleren | Urnäsch |

Die Hochmoore von regionaler oder lokaler Bedeutung sind hier nicht aufgezählt.

Ein Flach- von einem Hochmoor zu unterscheiden ist leicht: Wo die 30 bis 40 Zentimeter hohen Wollgräser mehrere weisse schopfartige Ähren tragen, steht man vor einem Flachmoor; sind die Wollgräser nur einköpfig, sind es Vertreter des Scheidigen Wollgrases, das nur auf Hochmooren vorkommt. (Scheuchzers Wollgras ist zwar auch nur einköpfig, aber kaum 30 Zentimeter hoch und wächst im Alpstein erst über 1500 Metern. Es ist kein Hochmoor-Zeiger.)

«Torf», so schreibt G. Rüesch 1835, «findet man an vielen feuchten Orten, namentlich bei Gais, Bühler, Gonten, Appenzell, Waldstatt, Schönengrund, Wald und Reuti, an welchen Orten er mit breiten Spaten fleissig abgestochen und als Holzsurrogat be-

1

2

3

4

5

Hochmoorpflanzen
1 Torfmoos
2 Rundblättriger Sonnentau
3 Scheidiges Wollgras
4 Rosmarinheide
5 Moosbeere

Hochmoor-Schlenke mit Torfmoos im Schwägalpgebiet.

nutzt wird; das Fuder gilt 1 fl. 40 kr. Man findet in dem Torf nicht selten grosse Stämme verharzter Tannen, und auf dem Torfboden blühen häufig Sphagnum palustre und Vaccinium oxycocos.»

### HOCHMOOR-ZEIGER

| | |
|---|---|
| **Torfmoose** | Sphagnum spec. in allen Hochmooren |
| **Moorbärlapp** | Lycopodiella inundata selten (Gontenmoos) |
| **Zwerg-Birke** | Betula nananur bei Gais |
| **Rundblättriger Sonnentau** | Drosera rotundifolia |
| **Rosmarinheide** | Andromeda polifolia |
| **Moosbeere** | Vaccinium oxycoccos |
| **Blumenbinse** | Scheuchzeria palustris sehr selten geworden (Gonten) |
| **Scheidiges Wollgras** | Eriophorum vaginatum |
| **Rasige Haarbinse** | Trichophorum cespitosum |
| **Wenigblütige Segge** | Carex pauciflorain hohen Lagen |
| **Schlamm-Segge** | Carex limosa |

# Hochstauden-Fluren

Stauden sind mehrjährige, krautige Pflanzen, die den Winter mit unterirdischen oder nur wenig über den Boden sich erhebenden Organen überdauern. Hochstauden heissen sie nicht, weil sie in hohen Lagen vorkommen, sondern weil ihre Vertreter hochwüchsig sind. Es gibt sie an Bächen, in Runsen, Bergwäldern, auf Lägern und vorübergehend auf Waldschlägen. Regelmässige Mahd ertragen sie nicht.

Im Uferbereich der Tobelbäche bilden sich Pflanzengesellschaften, die kaum betreten werden, weil man nasse Füsse befürchtet. Sie grenzen oft an etwas trockenere Erlen-, Eschen- oder Weiden-Gebüsche. Ihre Hauptvertreter sind Mädesüss (Rüster-, Spierstaude), Quirlblättriges Weidenröschen, Kälberkropf, Brustwurz, Wasserdost und Gemeine Pestwurz mit ihren regenschirmartigen Blättern. Einige wenig hoch wachsende Kräuter nutzen das Frühlingslicht zu zeitigem Blühen, etwa der Bärlauch oder zum Fliesswasser hin das Milzkraut, das kleine Teppiche auslegt. In den höher gelegenen Bachrunsen kommen Blauer und Wolfs-Eisenhut und vermehrt Grauer und Kahler Alpendost sowie der zierliche Blüten tragende Milchlattich dazu.

Wo ein Sturm Waldflächen umgeworfen hat oder flächige Rodungen vorgenommen wurden, entfaltet sich rasch eine fast ungewohnte Waldschlagvegetation. Neben schnell keimenden Laubhölzern breiten sich Wald-Weidenröschen, Himbeeren und Brombeeren vorübergehend gewaltig aus. Nach dem Sturm von 1989 hat sich im Appenzellerland sogar die Tollkirsche wieder reichlich eingefunden, nachdem sie vorher fast ausgestorben war.

In den Bergwäldern stehen die Hochstauden weniger dicht. Buchen-, Berg- und Schildfarn, Gelber Eisenhut, Fuchs' Greiskraut, einige Lattich-Arten, Alpen-Pestwurz und Germer prägen das ungewohnte Bild. In schattig-feuchten Runsen kündigt ein Modergeruch von weitem die Karflur an, deren Charakterpflanze die Grün-Erle ist. Solche Runsen-Hochstauden sind nährstoffreich. Bäume können wegen des Lichtmangels im üppigen Dickicht der Kräuter nicht aufkommen.

Auf ungepflegten oder verlassenen Weiden leuchten von weit her die gelben Korbblüten des Alpen-Greiskrautes (= Herzblättriges Kreuzkraut), und die Ross-Minze breitet sich aus. Berg-Bärenklau, Breitblättriges Laserkraut, Rispiger Eisenhut und Sterndolde können Begleiter sein. Sogar der Hohe Rittersporn ist in den vergangenen Jahren einigenorts wiedergefunden worden. Hochstaudenfluren sind häufig nicht klar begrenzt. Sie gehen fliessend in Gehölze, Waldränder, Sumpfwiesen, Moore oder

Das Alpen-Greiskraut oder Herzblättrige Kreuzkraut blüht in Hochstaudenfluren um Alphütten und längs von Bächen erst im Juli/August.

Läger über. Es sind weitgehend natürliche, vom Menschen wenig umgestaltete Gesellschaften und erinnern an Vorzeiten. Für Käfer- und Schneckenfreunde sind sie ein lohnendes Betätigungsfeld.

## Alpweiden und Alpenrasen

Alpweiden sind Grasgesellschaften der subalpinen Stufe, die im Sommer während einiger Wochen beweidet werden. Umgangssprachlich heissen sie einfach Alpen. Es sind einstige Rodungsflächen. Wenige liegen unter 1200 Metern. Keine bewohnbare Sennhütte steht über der natürlichen Waldgrenze. Einzelne Alpen sind bis heute mit Fahrzeugen nicht erreichbar.

Rasige Flächen über der Waldgrenze sind Alpenrasen. Es sind natürliche Pflanzenverbände, in denen Gräser zwar vorkommen, aber nicht den Hauptanteil ausmachen müssen. Einige werden zeitweise beweidet.

Im Appenzellerland erscheint es zweckmässig, Alpweiden und Alpenrasen in fünf Gruppen zu gliedern:

| | |
|---|---|
| Alpenrasen | Natürliche geschlossene Pflanzenverbände über der Waldgrenze (z.B. Rossegg, Marwees) |
| Subalpine Hangalpen | Beweidete ehemalige Rodungsflächen an stark geneigten Hängen auf Alpstein-Kalken, zwischen (1000-)1200 bis 1800 Metern (z.B. Altenalp, Häderen) |
| Subalpine Talalpen | Bewirtschaftete Alpen in Ebenen und Senken auf Gehängeschutt oder Moränenmaterial. (z.B. Schwägalp, Seealp, Sämtis) |
| Molasse-Alpen | Subalpine Rodungsflächen im Molassegebiet; meist auf Nagelfluh (z.B. Wartegg, Petersalp) |
| Montane Alpweiden | Sommerweiden unter 1200 Metern im Voralpengebiet (z.B. am Gäbris oder am Hochhamm) |

Alpweiden und Alpenrasen reagieren ähnlich wie Wiesen auf klimatische Unterschiede, Bodencharakter und Beweidungsart. Für

Blumenfreunde und Botaniker sind es dankbare, farbenfrohe und artenreiche Flächen mit Enzianen, Primeln, Anemonen, wenn nicht Schafherden wie Rasenmäher der Pracht ein jähes Ende bereiten.

Emil Bächler beschrieb in seinem Buch «Säntis-Gebiet», erschienen 1908, die Schönheit der Alpweiden: «Und nun hinaus auf die herrliche Alpenwiese! Noch ist der Schnee zum Teil im Schmelzen begriffen! Ungeduldig harrt schon das zierlich gefranste Alpenglöcklein seiner Auferstehung und drängt sich selbst durch die noch dünne Schneekruste ans Sonnenlicht. Ganze Scharen des Frühlingscrocus, violett und weiss, treten zum Genusse der Frühlingssonne zusammen. Ihnen schliessen sich die kleine, tief rötliche, ganzrandige Primel, die gelbe, hohe Schlüsselblume des Tales und der kurzstielige, weissaugige Alpenhahnenfuss an, sowie in der Nähe der Sennhütten der Gelbstern, dessen schmale, lange, direkt dem Boden entspringende Blätter noch im fahlen, lichtmangelnden Weiss und Gelb erscheinen. Höher oben treffen wir im Bereiche des schmelzenden Schnees eine äusserst vornehme Erscheinung der Pflanzenwelt, die grossblumige Frühlingsanemone, mit aussen zart violett überhauchten, meist nur halb offenen Blüten, die nur an voller Sonne den grossen, weissen Stern öffnet, mit goldglänzendem Pelz von leuchtenden, feinen Seidenhaaren umgeben. Wenige Tage und Wochen noch, da geschieht das grosse Wunder! Wie mit einem Zauberschlage spriesst's hervor in tausend Knospen und Blüten! Ein einziges, immenses Blütenmeer, in dem die mancherlei Gräser mit ihren luftigen Halmen kaum mehr zur Geltung kommen. Die humusüberdeckten, erhöhten Steinpartien überziehen Rasen der grossaugigen, blendend weissen Dryade, dort blitzt der Silene flammend Rot empor aus dem neuverjüngten Grün. Dazwischen ein Heer von grossen und kleinen Kämpfern: grossblütige, weisse Alpenanemone, weisser Alpenhahnenfuss, der tiefsattgelbe Berghahnenfuss, grossglockige und kleinsternige blaue Enziane, Goldfingerkraut, Stein-Kernera, niedriger, weisser Mannsschild, Brillenschötchen, Mehlprimel, Sonnenröschen, Alpenveilchen, Rapunzeln, Sternliebe, Alpenbartschiem, Alplattich, Alpengänsekraut, Alpenfettkraut, Ehrenpreis, Taumantel, Alpen- und Bergwegerich, Augentroste, Klappertopf, Knöterich, Kreuzblumen, Alpenvergissmeinnicht etc.

Etwas später treten anspruchsvollere Gestalten in den saftstrotzenden grünen Teppich: Weisser Germer, Allermannsharnisch, hochaufstrebende Enziane; gelber, roter und punktierter Enzian, stattliche Glockenblumen, wie die herrliche, gelbblühende Straussglockenblume, die bärtige und Scheuchzers Glockenblume. Gegen das Ende des Alpenfrühlings erscheint die

Schar der Schmetterlingsblütler, in gelben, roten, braunen, blau-violetten und weissen Farben: Wundklee, Schotenklee, Feldspitzkiel, kalte Berglinse; Talsklee. Alpenklee, dunkler Süssklee; Bergspitzkiel, Alpentraganth, Braun- und Bergklee. Zierlich-, zerschnittenbeblätterte Läusekräuter (quirlblütiges rotes, beschnittenes rotes, beblättertes gelbes und buntes, gelbbraunes Läusekraut), golden leuchtende Körbchenblütler: Arnica, Milchkräuter, Habichtskräuter, Kreuzkräuter, Ruhrkräuter, Wucherblumen, Katzenpfötchen, Skabiosen etc. Von den ‹Grasplanggen› herunter grüssen uns die leicht beweglichen Halme und Ähren der Schwingelgräser, Seslerien, Lieschgräser und Seggen, Sonnenröschen, dunkler Süssklee, gelbe Glockenblume, durchblättertes Läusekraut, Alpenastern und das vielbegehrte Edelweiss, ‹das schon mehr Opfer gefordert hat als die todesdrohenden Riesen der Bergwelt›.

Selbst das Geschlecht der Orchideen fehlt nicht auf der Alpenwiese. Ausser der hellvioletten Kugelorchis, der grünen Hohlzunge und Zwergorchis, dem weissen Nacktdrüsenständel ist vor allem das vanilleduftende, schokoladebraune Männertreu (Nigritella), Bränderli oder Schwärzlein bekannt, das mit der fliegenartigen und der wohlriechenden Nacktdrüse öfters Mischlinge von heller Farbe erzeugt. Als unansehnliche Pflanzen treten uns die drei besten Alpenfutterpflanzen entgegen: Das Alpenrispengras (‹Romeye›), die Muttern (eine niedrige, rötlich blühende Schirmblütlerin) und der Alpenwegerich (Adelgras, Ritz).»

Für junge Leser, die alte Namen kaum mehr kennen, sind ein paar Übersetzungen nötig:

| Dryade | = Silberwurz |
| Stein-Kernera | = Kugelschötchen |
| Sternliebe | = Alpenmasslieb |
| Alpenbartschie | = Alpenhelm |
| Taumantel | = Silbermantel |
| Seslerie | = Blaugras |
| Nacktdrüsenständel | = Weisszunge |

All die aufgezählten Blumen sind heute noch da. Einige sind wahrscheinlich seltener geworden, aber keine einzige ist völlig verschwunden.

Pflanzensoziologen gliedern die Rasen in unterschiedliche Gesellschaften. Je nach Dauer der Schneebedeckung, Windverhältnissen, Bodenreaktion (sauer/basisch), Nährstoffgehalt und Exposition sehen Kennerinnen und Kenner typische Unterschiede. Hier sind – von oben nach unten – einige aus dem Alpstein und seiner Vorberge genannt:

Wo Schnee lange liegen bleibt und die Vegetationszeit deshalb kurz ist, entwickelt sich die Schneetälchen-Flora. Es gibt im

Eine schöne und gute Milchkrautweide.

Farbenfrohe und artenreiche Berg-Fettwiese: Goldhaferwiese mit Kerbel und Schlangen-Knöterich.

Alpstein nur wenige Schneetälchen; ihre Böden sind oberflächlich sauer. Von den berühmten Schneetälchen-Pflanzen auf Silikatgestein finden sich bei uns immerhin die Netz-Weide und das
Dreigrifflige Hornkraut. Das Zweiblütige Sandkraut und der
Schneetälchen-Frauenmantel fehlen ganz, Niedriges Ruhrkraut
und Rotes Männertreu sind selten.

Schneetälchen-ähnliche Lagen nimmt im Säntisgebiet der
Spalierweiden-Rasen ein. Sein Boden ist etwas weiter entwickelt,
weil die Vegetationszeit länger dauert, nämlich drei bis vier Monate. Ihre typischen Vertreter sind Alpen-Hahnenfuss, Stumpfblättrige Weide und Bayrischer Enzian.

Auf kalkhaltigen, eher trockenen, steinigen Böden mit kurzer
Schneebedeckung entstehen Polsterseggen-Rasen. Zeiger dafür
sind neben der namengebenden Polster-Segge Alpen-Sonnenröschen und Silberwurz.

Die gelblich-braunen Krummseggen-Rasen gibt es im Alpstein nicht. Sie bedecken hohe Lagen auf Silikatgestein. Einige ihrer typischen Vertreter finden sich aber dennoch im Appenzellerland: Zwerg-Augentrost, Alpenmargerite und auf Kieselkalk
Halbkugelige Rapunzel.

An schattigen Nordlagen nehmen Rostseggen-Rasen eine
wichtige Stellung ein. Weil die Bodenbildung in Nordlagen auf
Kalk nur langsam voranschreitet, steigt diese Rostseggen-Ge-
meinschaft nicht hoch hinauf, das heisst selten weit über die
Waldgrenze. Sie wird darüber von Schuttgesellschaften (siehe
folgendes Kapitel) abgelöst. Das namengebende Sauergras, die
Rost-Segge, wird etwa 30 Zentimeter hoch und bildet Ausläufer,
die den Boden gut durchwurzeln und zusammenhalten. Sie gilt
als gutes Weidefutter. Häufige Begleiter sind Narzissenblütige
Anemone, weisse Alpen-Anemone, Gletscherlinse, Berg-Espar-
sette und gelegentlich Kugelorchis.

An Südlagen entwickeln sich Blaugras-Rasen. Das Blaugras
bildet dichte Horste, das *Heb di fescht am Gras* der Bergwanderer. Sie reichen von der alpinen bis weit unter die subalpine Stufe hinunter. Eindrücklich sind ihre treppenartigen horizontalen
Bänder, die wegen kleiner Bodenverschiebungen, besonders
durch Frosteinwirkung, entstehen. Zu dieser blumenreichen Gesellschaft gehören unter anderen: Feld-, Berg- und Spitzkiel, Al-
pen-Tragant (alle vier sind Schmetterlingsblüher), Schaft-Kugel-
blume und Alpen-Aster. Das Edelweiss wäre auch hier zu finden;
es ist auf Felsbänder zurückgedrängt worden. Sowohl Rostseg-
gen- wie Blaugras-Rasen verarmen unter der Schafbeweidung.
Die Konkurrenz zwischen Schafen und Blumen ist gross. Schafe
fressen sehr selektiv und bevorzugen die Kräuter, welche die farbenfrohe Blumenvielfalt der Alpweiden ausmacht. Untersu-

Unternutzte Borstgras-
wiese mit Koch'schem
Enzian.

Borstgraswiese nach einer
mineralischen Düngung,
auf Alp Soll.

chungen der Eidgenössischen Technischen Hochschule im Gebiet Altenalp-Lötzlisalp-Öhrli haben diese Verarmung der Flora bestätigt und gezeigt, dass sich ohne Beweidung auf natürlich nährstoffreichen Standorten innerhalb weniger Jahre eine Hochgrasgesellschaft entwickelt, in der auch kaum mehr Lebensraum für kleine, konkurrenzschwache Arten besteht. Alpenglöckchen, Bewimperter Steinbrech, Enziane und Blattloser Ehrenpreis verschwinden.

Die verlassene Alp Gloggeren.

Die subalpinen Hang- und Talalpen unterscheiden sich in ihrer Artenzusammensetzung nicht grundsätzlich. Talalpen sind humusreicher und fetter. Gräser und Kräuter, die sonst in tieferen Lagen leben, finden sich häufig ein. Einzelne Parzellen werden einmal geschnitten und ergeben einen Notvorrat an Rauhfutter in Schlechtwetterzeiten.

Mit Nährstoffen, Basen und Feuchtigkeit gut versorgte Böden bilden über 1500 Metern Milchkraut-Weiden. Milchkraut ist hier ein Sammelbegriff für Milchsaft enthaltende, gelbblühende Milchkraut- und Pippau-Arten. Milchkraut-Weiden sind gute, ertragreiche Alpweiden. Typisch für sie sind Steifhaariges Milchkraut und Gold-Pippau, daneben verschiedene Klee-Arten, Muttern, Alpen-Rispengras und Alpen-Lieschgras. Der

Braun-Klee gilt in der subalpinen Stufe als Charakterpflanze dieser Gesellschaft. Gelegentlich begegnet man hier der Zwerg-Orchis.

In tieferen Lagen, um 1200 bis 1500 Meter, sind die Gold-Pippau-Kammgras-Weiden ertragreiche Nutzflächen. Der Gold-Pippau ist Älplern unter dem Namen *Rahmblüemli* geläufig. Diese sind meist von weiteren Gräsern wie Rot- und Wiesen-Schwingel sowie Alpen-Rispengras begleitet. Frauenmantel, Rot- und Weiss-Klee wachsen mit. Blumenfreunde finden hier weit weniger schmucke Pflanzen als in den Blaugras-Halden.

Borstgras-Weiden sind die häufigsten Magerweiden. Sie gedeihen auf sauren und sehr sauren Böden mit einem pH-Wert unter 5,2. Genügsame Arten mit geringem Futterwert bilden den Pflanzenbestand: Borstgras, Berg-Nelkenwurz, Koch'scher Enzian, Bärtige Glockenblume und Katzenpfötchen. Stets finden sich in dieser Gesellschaft Zwergsträucher wie Zwerg-Wacholder, Heidekraut und Heidelbeere. Wenn Alpen-Hornklee, Muttern, Alpen-Wegerich und Schweizer Milchkraut dazukommen, sind Borstgrasweiden wertvoller.

Borst kann auf ungepflegten, versauerten und spät bestossenen Alpen lästig werden. Das Vieh frisst das alt gewordene Gras nicht mehr und die borstenförmig eingerollten und vergilbten Blätter wirken zusammen mit den steifen Halmen wie eine fahle Steppenlandschaft. Borstgras-Weiden können, wenn sie nicht allzu sauer sind, durch gezielte Nutzung und angepasste mässige Düngung (Phosphor und Kali, kein Stickstoff) futterbaulich verbessert werden. Ohne diese Massnahmen besteht die Gefahr, dass sich die Bewirtschaftung überhaupt nicht mehr lohnt und aufgegeben wird. Die Alp vergandet.

Auf dem oft braunrot verfärbten Gault (Garschella-Schichten) fördern im Kalk eingelagerte silikatische Mineralien eine sichtbar üppigere Bewachsung (Häderen, am Fälensee, Alp Sigel). In Felswänden stechen grüne Gault-Bänder zwischen den weniger bewachsenen hellen Kalken hervor. Feuerlilien sind im Alpstein beinahe Gault-Zeiger.

Quellfluren entlang kleiner Bäche und an Quellen sind zwar futtermässig bedeutungslos, aber für Wasserfassungen zu Weidbrunnen sehr wichtig. Eine Alp kann nur dann genutzt werden, wenn sie auch in Trockenzeiten über genügend Wasser verfügt. Dies ist im Kalkgebiet, wo Niederschläge rasch versickern und abfliessen, nicht selbstverständlich. Die Pflanzen solcher Fluren sind im nächsten Kapitel erwähnt.

Niedere Holzgewächse des Berggebietes wachsen in Alpweiden, aber auch an Felsen, in Rasen oder im Wald. Steile Hangalpen im Alpstein und an den Vorbergen sind in den vergangenen

## SUBALPINE UND ALPINE STRÄUCHER

| | | |
|---|---|---|
| **Kraut-Weide** | Salix herbacea | Schneetälchen, rund um den Säntis, über 1850 Metern |
| **Netz-Weide** | Salix reticulata | felsige Gebiete in allen Ketten, bis 1200 Meter absteigend (Hexenwäldli), am Kronberg |
| **Stumpfblättrige Weide** | Salix retusa | steinige Gebiete, vom Säntis bis 1000 Meter, auch an den Vorbergen bis zum Gäbris |
| **Quendelblättrige Weide** | Salix serpyllifolia und den Altmann. | nicht häufig; in Gratlagen um den Säntis |
| **Zwittrige Krähenbeere** | Empetrum nigrum | nicht häufig; in Gratlagen zwischen 1600 und 2150 Metern (Hoher Kasten) |
| **Silberwurz** | Dryas octopetala | verbreitet in Alpenrasen, auf Geröllhalden und über Felsbrocken; bis zum Gäbris |
| **Alpen-Hagrose** | Rosa pendulina | in allen Höhenstufen vom Goldachtobel bis über die Waldgrenze; in Wäldern und auf Weiden; höchster Standort Rossmaad 2000 Meter |
| **Zwerg-Kreuzdorn** | Rhamnus pumila | in südexponierten Felswänden aller Ketten; auch einmal am Kronberg |
| **Blaue Heckenkirsche** | Lonicera caerulea | selten; Saxerlücke-Furgglenfirst, Roslenfirst |

## ERIKAGEWÄCHSE

| | | |
|---|---|---|
| **Alpen-Azalee** | Loiseleuria procumbens | auf Graten über 2000 Metern (Roslenfirst) |
| **Rosmarinheide** | Andromeda polifolia | nur in Hochmooren (Urnäsch, Gonten, Gais, Trogen) |
| **Immergrüne Bärentraube** | Arctostaphylos uva-ursi | von Wasserauen bis 2100 Meter, an warmen Lagen |
| **Alpen-Bärentraube** | Arctostaphlyos alpina | an den Nordhängen aller Ketten, auch am Kronberg |
| **Bewimperte Alpenrose** | Rhododendron hirsutum | verbreitet auf Kalkgestein; von 2000 Metern bis weit hinunter, auch an vielen Hügeln bis zum Gäbris (früher bis St.Gallen) |
| **Rostblättrige Alpenrose** | Rhododendron ferrugineum | seltener als vorige Art; auf sauren Böden, auch im Wald und auf Mooren der Vorberge (besonders Urnäsch); im Alpstein gerne auf Kieselkalk (Löchlibetter), kaum über 2000 Metern |
| **Heidekraut** | Calluna vulgaris | verbreitet in allen Höhenlagen bis zur Waldgrenze; auf mageren Weiden und trockenen Torfböden |
| **Preiselbeere** | Vaccinium vitis-idaea | auf sauren Waldböden aller Höhenlagen verbreitet |
| **Heidelbeere** | Vaccinium myrtillus | wie Preiselbeere |
| **Echte Moorbeere** | Vaccinium uliginosum | in Mooren bis etwa 1500 Meter |
| **Kleinblättrige Moorbeere** | Vaccinium gaultherioides | meist über der Waldgrenze bis 2050 Meter |
| **Gemeine Moosbeere** | Vaccinium oxycoccos | auf Hochmooren |
| **Erika** | Erica carnea | an warmen, trockenen Stellen auf Kalk vom Gäbris bis zum Widderalpstock auf 2140 Meter |

Jahren aufgegeben worden, sie werden nicht mehr bewirtschaftet oder nur noch mit ungehüteten Schafherden bestossen. Beispiele sind das Chollöchli oder die Filder. Einzelne heute völlig unwirtschaftliche Kleinalpen werden jeweils für kurze Zeit mit wenig Jungvieh besetzt, damit im Winter und Frühjahr die Lawinengefahr gebannt wird. Wo Gräser bis in den Herbst stehen bleiben, legen sie sich nieder und bilden eine gefährliche Rutschbahn für den Schnee. Wenn die Gräser mit dem Schnee ineinander frieren und gemeinsam abrutschen, entstehen böse Erosionsschäden.

## BOTANISCHE ZUSAMMENSETZUNG EINIGER ALPWEIDEN

| Futterwerte | Vorkommen | Futterwert | Gold-Pippau-Kammgras-Weide | Milchkraut-Weide | Milde Borstgras-Weide | Strenge Borstgras-Weide |
|---|---|---|---|---|---|---|
| 3 sehr gut | xx regelmässig, oft bestandesbildend | | | | | |
| 2 gut | x häufig | | | | | |
| 1 gering | o unregelmässig und schwach | | | | | |
| 0 wertlos | | | | | | |
| **GRÄSER** | | | | | | |
| **Wiesen-Schwingel** | Festuca pratensis | 2 | x | o | | |
| **Rot-Schwingel** | Festuca rubra | 2 | xx | x | xx | x |
| **Alpen-Rispengras** | Poa alpina | 2 | x | x | o | |
| **Kammgras** | Cynosorus cristatus | 2 | x | | o | |
| **Borstgras** | Nardus stricta | 1 | o | x | xx | xx |
| **Alpen-Lieschgras** | Phleum alpinum | 2 | x | x | x | |
| **Ruchgras** | Anthoxanthum odoratum | 1 | x | x | x | x |
| **SCHMETTERLINGSBLÜTLER** | | | | | | |
| **Rot-Klee** | Trifolium pratense | 3 | xx | x | x | |
| **Kriechender (Weiss-) Klee** | Trifolium repens | 3 | xx | x | o | |
| **Thals-Klee** | Trifolium thalii | 3 | | x | | |
| **Braun-Klee** | Trifolium badium | 3 | | x | o | |
| **Alpen-Hornklee** | Lotus alpinus | 3 | x | x | x | |
| **KÖRBCHENBLÜTLER** | | | | | | |
| **Katzenpfötchen** | Antennaria dioica | 0 | | | o | o |
| **Steifhaariges Milchkraut** | Leontodon hispidus | 2 | x | xx | o | |

|  |  | Futterwert | Gold-Pippau-Kammgras-Weide | Milchkraut-Weide | Milde Borstgras-Weide | Strenge Borstgras-Weide |
|---|---|---|---|---|---|---|
| **Schweizer Milchkraut** | Leontodon helveticus | 2 |  | o | x | x |
| **Herbst-Milchkraut** | Leontodon autumnalis | 2 | x | x |  |  |
| **Löwenzahn** | Taraxacum officinale | 3 | x | x |  |  |
| **Gold-Pippau** | Crepis aurea | 3 | x | x | o |  |
| **ANDERE PFLANZEN** | | | | | | |
| **Zwerg-Wacholder** | Juniperus communis ssp. nana | 0 |  |  | o | o |
| **Besenheide, Heidekraut** | Calluna vulgaris | 0 |  |  | o | x |
| **Heidelbeere** | Vaccinium myrtillus | 0 |  |  | o | x |
| **Berg-Nelkenwurz** | Geum montanum | 1 |  |  | x | x |
| **Frauenmantel** | Alchemilla xanthochlora | 2 | x | x | x |  |
| **Kümmel** | Carum carvi | 3 | x | o |  |  |
| **Alpen-Liebstock, Muttern** | Ligusticum mutellina | 3 |  | x | x | o |
| **Spitz-Wegerich** | Plantago lanceolata | 2 | x |  |  |  |
| **Mittlerer Wegerich** | Plantago media | 0 | x |  |  |  |
| **Alpen-Wegerich, Adelgras** | Plantago alpina | 2 |  | x | x | o |
| **Bärtige Glockenblume** | Campanula barbata | 2 |  |  | x | x |
| **Vielblütige Hainsimse** | Luzula multiflora | 1 | o | o | x | x |

Auf dem Hohen Kasten bemüht sich eine Gruppe aus Innerrhoden um den Aufbau eines Alpengartens. Ziel ist es, den Bergbahnbenutzern einen Einblick in die Vielfalt der Alpsteinflora zu gewähren.

Die Molasse-Alpen unterscheiden sich weder botanisch noch landwirtschaftlich wesentlich von den übrigen Alpen. Sie liegen auf Nagelfluh statt auf Kalken; die Erosionsgefahr ist darum besonders hoch. Hochalp, Petersalp und Kronberg sind die bedeutendsten Vorberge mit Nagelfluh.

Eine eigene Läger-Flora stellt sich um Ställe, Alphütten und auf Viehlägern ein. Zeitweise gestapelter Mist und die Tierausscheidungen düngen diese Plätze enorm stark. Nährstoffliebende Pflanzen wuchern, allen voran der Alpen-Ampfer, besser bekannt als Blacke. Früher wurden deren Blätter gekocht und Schweinen verfüttert. Zur Blacke gesellen sich oft Blauer Eisenhut, Brennnessel, Guter Heinrich, Hain-Sternmiere, Kreuz-Labkraut, Alpen-Greiskraut, Läger-Rispengras und Alpen-Lieschgras.

Bewirtschaftete Alpen sind lohnende Ziele für Wanderer. Die sennische Arbeit wird bewundert und geschätzt. Sie hat Tradition. Aber sie ist in Gefahr. Ihre Wirtschaftlichkeit ist bedrohlich gesunken. Wo früher ein Senn während Wochen täglich mühsame Arbeit verrichtete mit *Hagen* (Zäune erstellen), Unkraut bekämpfen und Vieh leiten, muss heute ein einziger Alphirt zwei und mehr Alpen betreuen und zwischendurch oft sein *Heimet* selber besorgen. Die damit verbundenen Pflegeunterlassungen und der Umstand, dass heute schwerere Tiere gesömmert werden als früher, führen da und dort zu gefährlichen Erosionsproblemen. Manch eine Weide zeigt mehr nackte Felswunden als früher. Die Vegetationsdecke ist eine gewachsene Haut, die leicht verwundet wird und nur schwer und langsam heilt. Wenn die Eigenwirtschaftlichkeit des Alpens noch weiter sinkt – und so sieht es zur Zeit aus – werden einzelne Alpen verlassen werden und verganden. Dann sind die Förster gefordert, eine neue Waldentwicklung sinnvoll zu steuern.

In den beiden Halbkantonen gibt es – je nach Zählart – gegen 300 Alpen. Auf ihnen sömmern gegenwärtig jährlich etwa 3300 Kühe, 5300 Rinder, 900 Kälber, 800 Ziegen und 1200 Schafe. In Innerrhoden sind es vorwiegend die Alpen im Säntisgebiet, während sich die Ausserrhoder Alpen auf Molassebergen befinden. Mit Ausnahme der Schafe, die nur in Innerrhoden eine zahlenmässige Bedeutung haben, verteilen sich die übrigen Tiere etwa hälftig auf die beiden Halbkantone. Wo auch Schweine gealpt werden, fällt zusätzlicher Dünger an. Anno 1740 sollen auf den Alpen beider Rhoden 9114 Kühe gesömmert worden sein. Rinder sind nicht erwähnt. Wenn diese als Kühe gezählt worden sind, hat also kaum eine zahlenmässige Veränderung der Bestossung stattgefunden.

Die montanen Weiden unterscheiden sich von den Wiesen in ihrem Artenbestand nicht grundlegend. Sie sind aber kraut- und damit blumenreicher, weniger graslastig. Wo eine einstige Weide zur Wiese aufgewertet wurde, verschwanden Buchsblättrige Kreuzblume, Enziane, Bart-Glockenblume, Katzenpfötchen und Silberdistel. Die Wiese ist monotoner. Beispiele finden sich auf der Hohen Buche und andern Hügeln.

An diese Stelle passt eine bis in die jüngste Zeit nachgeführte Übersicht, die H. Schmid 1904 begonnen hat: «Alpenpflanzen am Kronberg, dem Gäbris und auf den Eggen». Schmid zählte damals am Kronberg (bis 1663 Meter) 126 Alpenpflanzen, am Gäbris (bis 1251 Meter) deren 75 und auf den Eggen (bis 1084 Meter) noch 28. Der Begriff Alpenpflanze ist bei Schmid weit gefasst. Viele Arten, die er aufzählt, gehören mehreren Höhenstufen an und sind keine ausschliesslichen Vertreter der subalpinen und alpinen Stufe. Die folgende Übersicht umfasst eine Auswahl typischer oder bekannter Arten aus Schmids Verzeichnis sowie ein paar Ergänzungen.

| «GÄBRIS-PFLANZEN» | | Kronberg | | Gäbris | | | Eggen | |
|---|---|:---:|:---:|:---:|:---:|:---:|:---:|:---:|
| | | 06 | 98 | 04 | 63 | 98 | 04 | 98 |
| Tannenbärlapp | Huperzia selago | x | x | x | x | x | x | x |
| Alpen-Flachbärlapp | Diphasiastrum alpinum | | | x | | x | | |
| Gemeiner Flachbärlapp | Diphasiastrum complanatum | | | | 1) | x | | |
| Dorniger Moosfarn | Selaginella selaginoides | x | x | x | x | x | | |
| Aufrechte Berg-Föhre | Pinus mugo ssp. uncinata | x | x | x | x | x | | |
| Blauer Eisenhut | Aconitum napellus | x | x | x | | | | |
| Alpen-Hahnenfuss | Ranunculus alpestris | x | x | | | | | |
| Berg-Hahnenfuss | Ranunculus montanus | x | x | x | x | x | x | |
| Kriechendes Gipskraut | Gypsophila repens | x | x | x | x | x | | |
| Kalk-Polsternelke | Silene acaulis | x | x | | | | | |
| Gelbes Berg-Veilchen | Viola biflora | x | x | x | x | x | | |
| Stumpfblättrige Weide | Salix retusa | x | x | x | x | x | | |
| Waldsteins Weide | Salix waldsteiniana | x | x | | | | | |
| Alpen-Gänsekresse | Arabis alpina | x | x | x | x | x | | |
| Bewimperte Alpenrose | Rhododendron hirsutum | x | x | x | x | x | | x |
| Rostblättrige Alpenrose | Rhododendron ferrugineum | x | x | x | x | 2) | | x |
| Aurikel, Flühblümchen | Primula auricula | x | x | | | | | |
| Soldanelle, Alpenglöckchen | Soldanella alpina | x | x | x | x | x | | x |
| Dunkler Mauerpfeffer | Sedum atratum | x | x | x | | | | |
| Gegenblättriger Steinbrech | Saxifraga oppositifolia | x | x | | | | | |
| Blaugrüner Steinbrech | Saxifraga caesia | x | x | x | x | x | | |
| Bewimperter Steinbrech | Saxifraga aizoides | x | x | x | x | x | | x |
| Gemeine Berg-Nelkenwurz | Geum montanum | x | x | x | x | x | | |
| Silberwurz | Dryas octopetala | x | x | x | | x | | x |
| Gold-Fingerkraut | Potentilla aurea | x | x | x | x | x | x | x |
| Vielstengeliges Fingerkraut | Potentilla caulescens | x | | x | | | | |
| Braun-Klee | Trifolium badium | x | x | x | x | x | | |

| Grosse Sterndolde | Astrantia major | x | x | | x | | | |
| --- | --- | --- | --- | --- | --- | --- | --- | --- |
| Clusius' Enzian | Gentiana clusii | x | x | x | x | | | |
| Koch'scher Enzian | Gentiana acaulis | x | x | x | x | x | | |
| Frühlings-Enzian | Gentiana verna | x | x | x | x | x | x | x |
| Felsen-Ehrenpreis | Veronica fruticans | x | x | x | x | x | | |
| Blattreiches Läusekraut | Pedicularis foliosa | x | x | | | | | |
| Alpenhelm | Bartsia alpina | x | x | x | x | x | | |
| Zwerg-Augentrost | Euphrasia minima | x | x | x | x | x | | |
| Tozzie | Tozzia alpina | x | x | | | | | |
| Alpen-Fettblatt | Pinguicula alpina | x | x | x | | | | |
| Herzblättrige Kugelblume | Globularia cordifolia | x | x | x | x | | | |
| Schaft-Kugelblume | Globularia nudicaulis | x | | | | | | |
| Bärtige Glockenblume | Campanula barbata | x | x | x | x | x | | x |
| Scheuchzers Glockenblume | Campanula scheuchzeri | x | x | x | x | x | x | x |
| Berg-Baldrian | Valeriana montana | x | x | x | | x | | x |
| Alpen-Berufskraut | Erigeron alpinus | x | x | | | | | |
| Alpen-Lattich | Homogyne alpina | x | x | x | x | x | x | x |
| Arnika | Arnica montana | x | x | x | | | | |
| Schweizer Milchkraut | Leontodon helveticus | x | x | x | | x | | |
| Alpen-Milchlattich | Cicerbita alpina | x | x | | | | | |
| Gold-Pippau | Crepis aurea | x | x | x | x | x | | |
| Alpen-Rispengras | Poa alpina | x | x | x | x | x | x | x |
| Frühlings-Krokus | Crocus albiflorus | x | x | x | x | x | x | x |
| Grüne Hohlzunge | Coeloglossum viride | x | x | x | | x | | |
| Weisszunge | Pseudorchis albida | x | x | x | x | | | x |
| Männertreu | Nigritella nigra | x | x | x | x | x | | |
| Kugelorchis | Traunsteinera globosa | x | x | | | | | |

«x» bedeutet «Vorkommen», sagt aber nichts über die Häufigkeit

1) Schmid erwähnte den Gemeinen Flachbärlapp nicht.
   Andere Botaniker fanden ihn im Gäbrisgebiet zwischen 1918 und 1930
2) Ein einziges Exemplar

Kronberg: Gebiet von der Petersalp über den Kronberg
zum Chlosterspitz
Gäbris: Gäbris-Suruggen-St.Anton
Eggen (nördlich Teufen): Von der Frölichsegg über die Waldegg
bis zum Horst
04, 06: 1904 oder1906 von Heinrich Schmid
63, 98: 1963 und 1998 von Rudolf Widmer

## Geröll- und Felsvegetationen

In der montanen und weitgehend auch in der subalpinen Stufe sind Gerölle und Hangschuttablagerungen nach wenigen Jahren überwachsen. Organische Stoffe werden vom Wind mit Staub, Blättern und Samen her geblasen. Die Humusbildung erfolgt unter der Waldgrenze relativ rasch, und schon bald ist das lose Material von einem werdenden Wald zugedeckt.

Felswände sind im Molassegebiet, besonders entlang der tief eingeschnittenen Täler von Wissbach-Glatt, Urnäsch, Sitter mit Rot- und Wattbach, Goldach und Gstaldenbach zahlreich. Weiche Mergelwände, härtere Sandstein- und Nagelfluhfelsen vermögen einigen hier typischen Pflanzen festen Halt zu geben: Braunstieliger Streifenfarn, Alpen-Gänsekresse, Weisser Mauerpfeffer, Verwachsener Silbermantel, Buchsblättrige Kreuzblume, Feld-Thymian und Niedliche Glockenblume. Im Bereich von Siedlungen spriesst aus neuen Mauerfugen innert kurzer Zeit das Zimbelkraut. Recht häufig wächst an Tobelwänden, besonders auf Nagelfluh, der Safrangelbe Steinbrech, zu dem der gelegentlich verwendete Name Molasse-Steinbrech sehr gut passt. Seine dunkelgelb-orangen Blüten an langen Stängeln leuchten wie kleine Schlusslichter aus den dunkeln Wänden oder heben sich kontrastreich vom blauen Himmel ab. Dass diese Rosettenpflanze im Appenzellerland im Vergleich zur übrigen Schweiz besonders häufig vorkommt, bezeugt schon Jos. Phil. de Clairville in seinem «Manuel d'Herborisation en Suisse et en Valais» von 1811.

Graue Geröll- und Schutthalden der alpinen Stufe durchschneiden häufig grüne Alpenrasen. Es sind keine völlig pflanzenleeren Flächen, auch wenn sie im Kalkgebiet öde wirken. Einige Spezialisten vermögen kleinste Nischen zu erobern und darin ein karges Leben zu fristen: weisse Alpen-Gämskresse, zartviolett blühendes Rundblättriges Täschelkraut, Alpen-Leinkraut (Löwenmäulchen) und Grossköpfige Gämswurz, die nicht selten mit Arnika verwechselt wird.

Über Felsblöcke und Steine breiten sich spalierartig Stumpfblättrige Weide, Silberwurz, Zwerg-Kreuzdorn und Herzblättrige Kugelblume aus. Dazwischen finden Strahlensame, Alpen-Steinquendel und Leberbalsam ihre Plätzchen.

In kleinsten Ritzen steiler und fast senkrechter Felswände verankern sich Immergrünes Felsenblümchen, Kugelschötchen, Aurikel, Blaugrüner Steinbrech und Vielstängeliges Fingerkraut. Sie dringen mit ihren Wurzeln weit in Spalten ein, sind darin gut verankert und vertrocknen nicht.

Froelich, einer der Erstbesteiger des Alpsteins schreibt 1825: «Die Reise auf den Altmann selbst, um denselben herum und

Silberwurz, ein liegender Spalierstrauch auf Kalkböden vom Säntis bis unter 1000 Meter über Meer.

Vegetationsarme Landschaft am Säntis.

## POLSTERPFLANZEN AM UND UM DEN SÄNTIS:

| | |
|---|---|
| **Zwergmiere** | Dichte Polster, selten unter 1800 Metern. Die Blüten tragen keine Kronblätter, nur hellgrüne Kelchblätter |
| **Kalk-Polsternelke** | Flache Polster, auch am Kronberg und den Fäneren Fünf purpurne Kronblätter |
| **Steinschmückel** | 3- bis 5-spaltige Blätter in grundständigen Rosetten, vom Öhrli über den Säntis bis zum Altmann; Blüten mit vier rosafarbigen Kronblättern. Diese Pflanze ist 1731 von J. Gessner als damals für die ganze Schweiz neue Pflanze am Säntis entdeckt worden. |
| **Schweizer Mannsschild** | Dichte, halbkugelige Polster, Musterbeispiel einer Polsterpflanze, Alpstein bis Ebenalp und Hoher Kasten; weisse Krone mit gelbem Schlund |
| **Gegenblättriger Steinbrech** | Liegende Triebe, dicht rasig, auch auf den Vorbergen Hochalp und Kronberg; Blüten rosa bis purpurn |
| **Blaugrüner Steinbrech** | Dichte, feste Polster, auf allen Ketten, auch an den Vorbergen; Blaugrüne Rosettenblätter mit kalkausscheidenden Grübchen, Blüten weiss |

zurück auf Kraialp könnte als Beschluss der Wanderungen in diese Berge gelten. Auf diesem Berge werden die Anstrengungen sowohl durch grossartige Ansichten als durch das Auffinden von gesuchten Alpenpflanzen vergolten. Unter andern beliebten Arten kommen daselbst vor: Arabis coerulea, Hieracium hyoseridifolium, Gentiana glacialis, Poa laxa, Avena subspicata, Petrocallis pyrenaica etc.» – zu deutsch: Bläuliche Gänsekresse, Triglav-Pippau, Zarter Enzian, Schlaffes Rispengras, Ähriger Grannenhafer, Steinschmückel. Bei Poa laxa handelt es sich wahrscheinlich um eine Verwechslung mit Poa alpina. Die fünf andern Arten kommen heute noch vor.

Polsterpflanzen werden in jedem Alpenflorenbuch gerne abgebildet. Sie sind eigentliche Vorzeiger der kargen Pflanzendecke der Gebirge. Die Lebensbedingungen an Felsen, auf Gräten oder in Geröllhalden sind extrem: Riesige Temperaturunterschiede zwischen Tag und Nacht, starkes Ultraviolettlicht, stürmische Winde, hohe Verdunstung, häufig eisiger Spätfrost und kurze Vegetationszeit. Dazu kommen erschwerte Bestäubungsmechanismen, beschränkte Samenverbreitung und unterdrückte Keimfähigkeit. Unter solchen Voraussetzungen meistern nur angepasste Pflanzen ihr Leben. Die Natur hat ganz unterschiedliche Schutzvorrichtungen für extreme Lebensbedingungen geschaffen: Gedrungener Wuchs, intensive Farben, Behaarung, häufig Wind- oder Selbstbestäubung, Samenverbreitung vorzugsweise durch den Wind und Mehrjährigkeit. Polsterwuchs dient als Schutz vor

Wind und hoher Ein- und Ausstrahlung. Im Innern der Polster herrscht ein relativ gemässigtes Mikroklima. Polsterpflanzen können fast mit einer Bienen-Traube im Winter verglichen werden. Zwischen den verkürzten Sprossen werden kleine Pflanzenreste und Bodenpartikel gesammelt, so dass eine langsame Humusbildung einsetzt. Ein Beispiel für solch gelungene Anpassung ist der Schweizer Mannsschild. Er wächst im Alpstein an Felsen über 1600 Metern und bildet dichte, halbkugelige Polster. Diese bestehen aus zahlreichen Sprossen mit kurzen, lebenden und abgestorbenen Blättchen (Wärmespeicherung). Blütenstiele und Kelch sind mit graugrünen Haaren bedeckt (Verdunstungsschutz). Die weissen Blüten mit gelbem Schlund sitzen unmittelbar der Oberfläche der Polster auf und bilden eine zusammenhängende Schaufläche. Die Wurzel gräbt sich tief in eine Felsspalte ein und verankert das Polster sicher. Der Schweizer Mannsschild ist eine Schöpfung der Alpen; er kommt im Norden nicht vor.

Die Hauswurz-Arten bilden keine eigentlichen Polster, sind aber mit ähnlich wirkenden Blattrosetten ausgestattet. Zur grossen Überraschung entdeckte H. Seitter 1957 an drei Stellen auf 2320 Metern zwischen Altmann und Nädliger die Spinnwebige Hauswurz. Die Fundstelle liegt zwar knapp über der Grenze, im Kanton St.Gallen. Aber vielleicht überspringt sie dereinst die politische Markierungslinie. Mit andern Hauswurzarten hat es seine eigene Bewandtnis: Man kennt die Echte Hauswurz (Sempervivum tectorum), – sie wird in die beiden Unterarten Dach-Hauswurz (Sempervivum tectorum ssp. tectorum) und Alpen-Hauswurz (Sempervivum tectorum ssp. alpinum) unterteilt – und die Berg-Hauswurz (Sempervivum montanum). Dazu kommen zwei

**GABRIEL RÜSCH NENNT 1835 FOLGENDE PFLANZEN, DIE AUF DEM SÄNTIS WACHSEN:**

| Name bei Rüsch | Heutiger Name | Deutscher Name | Vorkommen heute |
|---|---|---|---|
| Achillea atrata | do | Hallers Schafgarbe | ja |
| Apargia dubia | Leontodon hispidus (?) | Steifhaariges Milchkraut | ja |
| Arnica scorpioides | Doronicum grandiflorum | Gemswurz | ja |
| Aretia Helvetica | Androsace helvetica | Schweizer Mannsschild | ja |
| Astragalus alpinus | do | Alpen-Tragant | ja |
| Astragalus campestre | Oxytropis campestris | Alpen-Spitzkiel | ja |
| Astrantia major | do | Grosse Sterndolde | nein, nicht so hoch |
| Chrysanthemum atratum | Leucanthemum halleri | Hallers Margerite | ja |
| Draba Pyrenaica | Petrocallis pyrenaica | Steinschmückel | ja |
| Galium saxatile | Galium megalospermum (?) | Schweizer Labkraut | ja |
| Galium baldense | Galium anisophyllon (?) | Ungleichblättriges Labkraut | ja |
| Iberis rotundifolia | Thlaspi repens | Rundblättriges Täschelkraut | ja |
| Salix herbacea | do | Kraut-Weide | ja |

gelbblühende Arten, die nur im Engadin und im Puschlav vorkommen.

Im Säntisgebiet fehlt die Berg-Hauswurz. Sie erscheint erst im St.Galler Oberland. Die häufige Alpen-Hauswurz wächst am Hohen Kasten, Bogartenfirst, auf Alp Sigel, dem Hundstein, am Widderalpstock, den Fälenwänden und am Wildseeli am Fusse des Altmanns. Sempervivum tectorum wurde von Gaudin und seinen Gewährsleuten Wahlenberg und Gesner erkannt, während weder Froelich noch Wartmann und Schlatter diese Art erwähnen, wohl aber Sempervivum montanum, was falsch ist. H. Seitter hat die nötige Korrektur vorgenommen. Vielleicht handelt es sich nicht um eine eigentliche Verwechslung im heutigen Sinne. Denkbar ist eine systematisch andere Auffassung.

Rüschs Liste umfasst eine Auswahl. Bei einem Spaziergang rund um den Säntisgipfel trifft man auf etwa 80 Pflanzenarten. Sie sind weitgehend identisch mit jenen, die im Verzeichnis Liste aller vorkommenden Pflanzen (vgl. Seite 179) mit «im Alpstein, alpin» gekennzeichnet sind. «Die Appenzeller Alpen sind zur Zeit Albrecht von Hallers von unserem verehrten Lehrer Johannes Gesner, dann aber auch von dem geschätzten David Kitt, im Rheintal heimisch, und vor kurzem von den verehrtesten Wahlenberg, Custer, Zollikofer und Meyer erforscht worden. Dort, in den Appenzeller Alpen, sät Flora, die Göttin der Blumen, ihre Schätze aus liebevoller und freigebiger Hand. Das Steinschmückel, die Knöllchentragende Zahnwurz, viele seltene Habichtskräuter, vor allem auch der Triglavpippau, der Blattlose Steinbrech, der Safrangelbe Steinbrech und unser Abstehendblättriger Steinbrech (Custer entdeckte ihn auf der Widderalp; nach seiner Meinung besteht ein grosser Unterschied zu den Blüten des Moosartigen Steinbrechs, der in diesen Alpen nirgends vorkommt), der bislang auf dem M. Fouly gefunden wurde, gedeihen in diesem Land der Freiheit ganz prächtig und bitten alle Pflanzenfreunde zu Gast. (Steinschmückel, Triglav-Pippau und alle drei Steinbrech-Arten sind Fels-Bewohner).» Diese Sätze schrieb Jean Gaudin (1766–1833), Pfarrer in Nyon und Honorarprofessor für Botanik an der Universität Lausanne in seiner «Flora Helvetica» 1833, einem siebenbändigen Werk in lateinischer Sprache (übersetzt von Renate Frohne, Trogen 1988). Ergänzungen und Erklärungen dazu: Die Knöllchentragende Zahnwurz kommt in den Appenzeller Alpen nicht vor, nur beim Schloss Forsteck im Rheintal, am Wildhauser Gulmen und im Frümsener Bergwald. Der Abstehendblättrige Steinbrech ist eine Kreuzung aus dem Bewimperten und dem Blaugrünen Steinbrech (Saxifraga patens Gaud.) Er ist nach 1827 nicht mehr beobachtet worden.

# Volksbotanik

Dieses Kapitel enthält pflanzenkundliche, heilpraktische, ökologische, historische oder amüsante Themen, die anhand einheimischer Pflanzen dargestellt werden. Die 30 kleinen Abschnitte sollen in der weiten Wunderwelt der Pflanzen einige Ecken ausleuchten und bewusst machen, wie viel Dunkel noch erhellt werden kann. Es ist ein Lesebuch, das in Schritten, von vorne oder von hinten, in einem Zuge oder über Tage verteilt, gelesen werden kann. Statt als graue Theorie sollen einige naturkundliche Aspekte und Zusammenhänge an konkreten Beispielen dargestellt werden.

Auf Karrenfeldern, in Krummholzgebüschen und Magerrasen des Alpsteins trifft man auf einen stattlichen Lauch mit kugeligem, weiss umhülltem Blütenstand. Er tritt truppweise auf und seine schmal-ovalen Blätter vergilben schon früh im Sommer. Wenige kennen seinen Namen: Allermannsharnisch.

Im Mittelalter sollen die rhizomähnlichen Zwiebeln zauberhaft – wie Alraun – gewirkt haben: Seine Träger waren unverwundbar, gefeit nicht nur gegen Hieb und Stich, sondern überhaupt gegen alles Böse. Rhizome sind unterirdische Speicherorgane; beim Allermannsharnisch sind sie von einem dichten Fasernetz umschlossen.

Im Obertoggenburg erzählte man sich noch im 19. Jahrhundert, dass die abgeschnittenen Fasern der Zwiebeln, auf Wunden gelegt, bewirken, dass dieselben nicht eitern. Diese Weisheit der Toggenburger dürfte von Sennen ins Appenzellische getragen worden sein. Wie die Älpler die Pflanze umgangssprachlich genannt hatten, ist nicht bekannt.

Der Allermannsharnisch kommt im Alpstein über etwa 1500 Metern vor; in den Vorbergen fehlt er. Er ist wenig häufig in der Schweiz. Standorte im Säntisgebiet sind schon in älterer Literatur erwähnt: «In M. Oehrli, Hohenmesmer» bei J. R. Suter (1822), «In M. Oerli» bei J. Gaudin V. D. M. (1825) und «Auf der Messmeralpweid, Hohenkasten» bei C. Fr. Froelich (1850).

Von den acht wildwachsenden Laucharten im Appenzellerland sind der Schnittlauch und der Bärlauch die bekanntesten.

Viele Kinder verabscheuen Spinat, während Erwachsene das Gemüse oft essen und schätzen. Gibt es eine Erklärung für diese Veränderung des menschlichen Geschmacksempfindens?

Vom Grauen Alpendost, der üppig in Wäldern und Hochstauden wächst, fressen die Jungtiere der Gefleckten Schnirkelschnecke nicht. Im Labor zeigte sich, dass die Pflanze Stoffe enthält (Alkaloide und Sesquiterpene), die für junge Schnecken giftig sind und eine natürliche Abneigung dagegen bewirken. Ausgewachsene Tiere reagieren nicht oder viel weniger empfindlich, sie knabbern am reichlichen Blätterangebot des Grauen Alpendosts.

Ob diese Erscheinung auf das Verhalten des Menschen im Umgang mit dem vitamin- und nährstoffreichen Spinat übertragbar ist? Im Spinat und in anderen Gemüsen und Salaten sind neben Vitaminen und Mineralstoffen viele weitere Substanzen enthalten, mit denen sich die Pflanzen gegen schädliche Pilze, Bakterien und Insekten wehren. Solche bioaktiven Stoffe können nach Auffassung von Ernährungswissenschaftern für empfindliche Kinder nicht nur überflüssig, sondern sogar störend sein. Erst nach der Pubertät ändert sich dies.

Der Alpstein ist aus verschiedenen Kalkgesteinen der Kreidezeit aufgebaut, und die vorgelagerte Molasse mit Nagelfluh, Sandsteinen und Mergeln ist ebenfalls kalkhaltig. Es ist deshalb nicht erstaunlich, dass kalkliebende Pflanzen gegenüber kalkmeidenden vorherrschen. Elias Landolt nennt im SAC-Buch «Unsere Alpenflora» die nachfolgenden Arten als sichere Kalkzeiger: Polster-Segge, Netz-Weide, Gipskraut, Rundblättriges Täschelkraut, Kugelschötchen, Bläulicher Steinbrech, Stängel-Fingerkraut, Feld-Spitzkiel, Alpen-Sonnenröschen, Schweizer Mannsschild, Blattloser Ehrenpreis, Herzblättrige Kugelblume und Schwarze Schafgarbe. Alle diese genannten Arten kommen im Appenzellerland vor. Von den dreizehn ausgewählten säurezeigenden Pflanzen bei Landolt fehlen im Appenzellerland deren sieben. Fünf finden sich selten oder nur an extremen Standorten, beispielsweise in Hochmooren.

Nicht nur am Säntis, auch zahlreich auf Nagelfluh unserer Voralpen, sogar weit hinaus bis in die Gemeinde Herisau, trifft man auf diese leuchtend gelbe Schlüsselblume mit ihren fleischigen, weissmehlig bestäubten Blättern. Sie gedeiht in Felsspalten, auf Felsbrocken, oft auch in Rasen.

Auf Silikatfelsen nimmt die Rote Felsenprimel den Platz der Aurikel ein. Die beiden sind vikariierende Arten: sie vertreten sich gegenseitig.

Andere Primeln der appenzellischen Bergregion sind die Mehl-Primel und die Ganzblättrige Primel. Während die erste feuchte, kalkhaltige Böden liebt, findet sich die Ganzblättrige Primel in sauren Rasen und färbt diese im Juni prächtig rotviolett.

Kalkliebend und kalkmeidend sind vereinfachte Begriffe. Die freien Kalziumionen bestimmen den Säurewert eines Bodens und beeinflussen weitere chemische und physikalische Vorgänge. So sind beispielsweise Nährstoffe in Kalkböden schwer löslich und vor Auswaschung sicher, dafür aber nur für Pflanzen mit leistungsfähigem Wurzelsystem aufnehmbar.

Eigentümliche Sporenpflanzen sind die Bärlappe. Sie entspringen einer erdgeschichtlich sehr alten Pflanzengruppe. Den kriechenden Berg-Bärlapp findet man als Schattenpflanze in Fichtenwäldern. Die Sporen werden bei dieser Art in aufrechten, einzeln stehenden Sporangien-Ähren gebildet, die im Spätsommer wie helle Kerzen stehen.

Der alte und volkstümliche Name *Schlangenmoos*, in Innerrhoden oft *Schlange-Chruut*, ist sehr anschaulich und erinnert an die langen, sich schlangenförmig ausbreitenden, oberirdischen Sprosse. Ein Moos ist es aber nicht, weil sein Stängel feste Leitbündel besitzt, die den Moosen fehlen. Die Botaniker zählen die Bärlappe zu den Gefäss-Kryptogamen wie die Farne und Schachtelhalme.

Früher wurde das zähe Schlangenmoos zur Isolation zwischen die Balken im Strickbau gestopft. Die stark ölhaltigen Sporen dienten der Erzeugung von Theaterblitzen, indem man sie aus einem gefalteten Papier in eine brennende Kerze blies. Im Aberglauben diente das Kraut zum Schutz vor Hexen und vor Hexenschuss. Noch heute werden damit da und dort *Anti-Krampf-Säckli* gefüllt, es heisst denn auch *Chrampf-Chruut*.

Arzneilich wurden und werden Bärlappsporen als Wundpuder benutzt und zum Bestreuen der von Apothekern hergestellten Pillen verwendet. Sie stossen Wasser ab. Das Kraut diente in der Volksmedizin als harntreibendes Mittel bei Blasenleiden.

Alle Bärlapp-Arten sind bedroht und benötigen Schutz!

Nach der letzten Eiszeit sind aus dem eisfreien mitteleuropäischen Raum ursprünglich arktische Pflanzen südwärts gegen die Alpen gewandert. In vielen Sümpfen und Mooren hat sich neben andern die Zwergbirke niedergelassen. Grosse Nassstandorte sind immer mehr verschwunden durch allmähliche natürliche Bewaldung und später durch gewollte Meliorationen. Moorpflanzen sind in der Schweiz in ihrem Bestand stark verarmt. Im Appenzellerland ist bei Gais ein einziger Standort der Betula nana übriggeblieben. In der übrigen Schweiz findet sich die Zwerg-Birke noch bei Einsiedeln und im Jura.

Wie lange sie in Gais weiterleben kann, ist ungewiss. Die Nähe zu den genutzten Flächen ist bedrohlich, und ohne menschliche Hilfe wird der Standort überwachsen. Alle Arten von Erhaltungsmassnahmen sind eher kosmetisch, denn der Lebensraum ist für die Pflanze zu eng geworden. Einige Nachkommen aus gesammelten Samen hüten im Botanischen Garten St. Gallen das genetische Material. Die Zwerg-Birke in Gais ist erst 1917 von Ernst Sulger Büel entdeckt worden.

In Nordeuropa bedeckt die Zwerg-Birke oft weite Flächen, und auf Grönland und Spitzbergen ist der kniehohe Strauch das einzige Holzgewächs.

Pflanzenfressende Haustiere wie Rinder, Schafe, Ziegen und Pferde nehmen zur Zeit der Samenreife grosse Samenmengen mit dem Futter auf und scheiden sie zum Teil nach Stunden mit dem Kot wieder aus. Viele Samen verlieren dabei ihre Keimfähigkeit nicht. Weil sie in der Natur schwer feststellbar sind, hat man Kot im Labor nach Samen untersucht und deren Keimfähigkeit geprüft. Es ist erstaunlich: Bei einer Analyse in Chur wurden in 500 Gramm Kot mehr als 500 intakte Samen nachgewiesen, von denen innerhalb eines halben Jahres 340 keimten. Am reichlichsten vertreten waren Brennnessel, gefolgt von Breit-Wegerich, Weiss-Klee, Sonnenröschen und Haar-Straussgras. Aus dem Appenzellerland ist keine Analyse bekannt, doch dürfte das Resultat ähnlich ausfallen.

Kuhfladen auf freiem Feld werden meist von den Bauern mit der Gabel verzettelt. Geschieht dies nicht, entsteht vorerst eine Blösse, bis der Dung ausgeschwemmt und von unterschiedlichsten Bakterien und Kleinpilzen weiter abgebaut ist. Danach spriessen die besonders nährstoffliebenden Pflanzen darauf.

Auf dem Bild erkennt man einen Düngerling, einen Verteter der Gruppe der Lamellenpilze. Er verwertet vor allem unverdaute Lignin-Stoffe. Die Sporen sind wahrscheinlich von aussen auf den Kuhfladen gelangt und kaum durch den Rinderdarm gestossen worden. Solche Kuhfladenpilze sind auf Alpweiden recht häufig.

Pilze sind keine Pflanzen im engeren Sinn; sie sind nicht zur Fotosynthese befähigt und ihre Zellwände bestehen nicht aus Zellulose, sondern aus Chitin. Früher wurden alle Lebewesen entweder in Tiere oder Pflanzen eingeteilt; in dieser Einteilung gehörten Pilze zu den Pflanzen. Heute ist es üblich, die Lebewesen in «five kingdoms», fünf Königreiche, einzuordnen:

- kernlose Einzeller (Bakterien)
- kernhaltige Einzeller (Urtiere und viele Algen)
- Pilze
- Pflanzen
- Tiere.

Dem Düngerling, und später auch dem Hallimasch, wird in diesem Kapitel ein Gastrecht eingeräumt, weil beide in enger Beziehung zu echten Pflanzen stehen.

Die Eibe lieferte früheren Generationen das Holz für unverwüstliche Armbrustbögen. Es gibt kein schwereres Nadelholz als das der Eibe. Ein «iibetänniger» Zaunpfahl muss von einer Menschengeneration dank seiner Fäulnisresistenz nicht ersetzt werden.

Eiben waren früher häufiger als heute, wo sie fast nur noch in wenig bewirtschafteten Hang- und Schluchtwäldern, oft gruppenweise, wachsen. Der Eibenrain unterhalb von Rehetobel erinnert noch daran. Alte Eiben findet man kaum mehr. In Gärten, Parks und Friedhöfen werden sie gerne angepflanzt, weil sie immergrün und ziemlich schnittfest sind.

Vor ihren roten Beeren werden Kinder gewarnt. Wenige davon können selbst ein Pferd töten. Fast alle Teile, Nadeln und Same, enthalten das starke Herzgift Taxin. Den süssen, wohlschmeckenden Samenmantel könnte man aber ungefährdet ablutschen; er ist ungiftig.

Die kleinen Samen, die vom rot gefärbten Mantel umhüllt sind, bilden zusammen beerenartige Verbreitungseinheiten. Morphologisch sind es keine echten Beeren, sondern Scheinbeeren: Die Samenanlage ist nicht von einem Fruchtknoten umschlossen, sondern nackt. Die Eibe ist ein Nacktsamer wie Tanne, Fichte und alle Föhren.

Es gibt männliche und weibliche Eiben: Der Baum ist zweihäusig. Nur die weiblichen tragen die roten Scheinbeeren. Beim Wacholder ist es ebenso; nur die weiblichen Sträucher bilden Beeren aus. Die übrigen Nadelhölzer sind einhäusig: Männliche und weibliche Blüten entwickeln sich getrennt auf demselben Baum.

Unter Bitterstoffen werden bittere Pflanzeninhaltsstoffe verstanden, wie sie bei einigen Korbblütlern, Enzian- und Hanfgewächsen vorkommen. Sie dienen den Pflanzen vermutlich zur Frassabwehr. Neben Bittermandel-Gebäcken oder dem Bier sind Bitterstoffe in den Alkoholika mit der Bezeichnung «Bitter» leicht erkennbar. Beim Menschen regen sie eine vermehrte Sekretion von Magensaft und Speichel an und dienen damit der Verdauungsförderung.

Eine gediegene Portion Bitterstoffe enthält der Gelbe Enzian. Eine kleine zerkaute Wurzelscheibe dieser Alpenpflanze lässt den beissenden Geschmack noch Stunden nachwirken. Die Speicherwurzel wird für die heimischen Alpen-Bitter genutzt, aber aus Naturschutzgründen von Pflanzen, die in Kulturen gezogen und nicht im Alpstein gepflückt werden. Wer den Wurzelscheiben-Versuch nachvollziehen will – Pflanzen nur dort pflücken, wo sehr viele Exemplare als Alpenunkraut wachsen –, darf den Gelben Enzian nicht mit dem giftigen Germer verwechseln: Beim Enzian stehen die breiten Blätter kreuzweise gegenständig, während beim Germer jedes Blatt um 120 Grad gedreht über dem unteren steht.

# Eine ungewöhnliche Esche

Etwa sechs von hundert wildwachsenden Bäumen sind bei uns Eschen. Sie wachsen gerne und schnell auf feuchten, aber nicht staunassen Böden. Wir finden sie häufig in Hanglagen. Selten bilden sie grosse geschlossene Bestände. Man erkennt sie auch im Winter leicht an den dicken, schwarzen und samtigen Knospen. Die ausgewachsenen Blätter samt dem Stiel sind bis zu 40 Zentimeter lang und 9- bis 15-fach gefiedert. Die Teilblättchen sind scharf gesägt. Das Holz diente früher zur Skiherstellung.

Es gibt Mythen, nach denen die Esche als Ursprung des Menschen gilt: Das Wort Esche entstand aus dem nordischen «Aska», was «Mensch» bedeutet. Die Weltenesche war neben der Eiche der berühmteste Baum der germanischen Mythologie.

In der Bleiche bei Trogen wächst eine Esche mit grossen, ungefiederten Blättern, inmitten einer Gruppe normaler Eschen. Sie kämpft dort um ihren Platz und ist – wie die Nachbarbäume auch – im Wachstum zurückgeblieben. Trotzdem blüht sie seit vielen Jahren regelmässig.

Aus der Literatur ist diese Variante als Fraxinus excelsior L. var. diversifolia bekannt. In der alten Ausgabe von Gustav Hegis «Illustrierte Flora von Mitteleuropa, Band V3» von 1927 sind aus Deutschland fünf und aus der Schweiz drei Funde der Ganzblättrigen Esche genannt. Der Baum aus Trogen fehlt; er ist erst um 1960 entdeckt worden.

PS: Am 22. April 1999 ist die ausserordentliche Trogner Esche zusammen mit den anderen Eschen vor dem Blattausbruch wegen einer Staatsstrassenkorrektion gefällt worden. Ob von den nachträglich gesammelten Zweigstücken eines mit ungefiederten Blättern dabei ist und keimt, ist sehr ungewiss.

## Eine exklusive Appenzellerin

Gibt es eine Pflanze, die weltweit nur gerade im Appenzellerland vorkommt? Nein! Aber es findet sich eine Art, die innerhalb der Schweiz nur im Appenzellerland wächst: das Graue Felsenblümchen, oft auch Graues Hungerblümchen genannt. In der Innerschweiz und den Berner Alpen deuten alte Hinweise auf frühere Vorkommen, aber die Standorte sind erloschen. Ausserhalb der Schweiz, in den französischen und österreichischen Alpen, in den Pyrenäen und in Skandinavien wächst die Pflanze auch. C. Fr. Froelich (1850) hatte das Graue Hungerblümchen noch nicht gekannt, aber Wartmann und Schlatter schreiben 1888: «Sehr selten! Aufgefunden im August 1879 an sonnigen Felsen beim Sämtisersee von Apotheker F. Schneider.»

An diesem Standort auf 1230 Metern ist das Graue Hungerblümchen heute noch zu finden. Daneben kennt man Fundstellen am Hohen Kasten, dem Furgglenfirst und – wie H. Seitter mündlich oft berichtete – findet es sich als Preis für eine Kletterei auf trockenen Felsbändern zwischen den beiden obersten Widderalpstöcken. Mitglieder des Botanischen Zirkels St.Gallen meldeten 1966 den Fund des Grauen Hungerblümchens auf 1340 Metern am Kronberg. In den letzten Jahren hat der Verfasser vergeblich danach gesucht.

An feuchten Hängen, in Mooren oder auf nassen Felsen wachsen zwei Fettblatt-Arten: das violettblühende Gemeine Fettblatt und in höheren Lagen das weissblühende Alpenfettblatt. Sie sind fleischfressende Pflanzen: Kleine Insekten werden durch Drüsensekrete auf der Blattoberfläche festgeklebt und danach von eiweissspaltenden Enzymen verdaut. Die Pflänzchen können sich auf diese Weise Aminosäuren beschaffen, die sonst auf komplizierte chemische Weise aus Stickstoffverbindungen im Boden aufgebaut werden.

Ältere Leute nennen das Fettblatt «Häälbläckli». Auf Wunden gelegt soll es die Heilung beschleunigen, also heilend = *häälend* sein. Diese Interpretation ist aber nur im Toggenburg und im Appenzeller Hinterland üblich. Im Vorderland glaubt man eher, *hääl* bedeute schlüpfrig. Vielleicht sind beide Deutungen richtig.

C. Fr. Froelich schreibt 1850: «Beide Arten frisst das Vieh nicht. Die Blätter sollen einen scharfen Saft enthalten, der die Milch gerinnen macht; ferner dienen sie gegen Geschwüre.» Heute kommen Extrakte aus Pinguicula gegen Husten zur Anwendung, manchmal zusammen mit Extrakten der zweiten einheimischen, fleischfressenden Pflanze, dem Sonnentau.

Pflanzen bilden in ihren Organen (Wurzel, Stängel, Rinde, Holz, Blatt, Blüte) eine riesige Zahl von unterschiedlichen chemischen Substanzen. Die Menschen nutzen einige als Baustoffe, Nahrungsmittel, Heilmittel, Gewürze und vieles mehr. Das Grün (Chlorophyll) der Blätter beruhigt die Augen, die vielen Farben der Blüten erfreuen die Seele. Seit alter Zeit nutzten unsere Vorfahren Pflanzenfarbstoffe: Lackmus aus Flechten, rotfärbende Hennawurzel oder Krokus (Safran). Das rote Betanin aus der Rande (Rote Bete) wird noch heute als natürlicher Lebensmittelfarbstoff verwendet. Ein weiterer Anwendungsbereich ist die Wollfärbung, besonders der Schafwolle. Mit Pflanzen wie Birke, Esche, Brombeere, Heidekraut, Flechten und vielen andern kann die graue, creme- oder gelbfarbige Rohwolle gezielt um- oder angefärbt werden. Ausser Textilien werden auch Leder (mit Wurzelrinde der Berberitze), Butter (mit Sumpfdotterblume), Tee (mit Weissdorn) oder Haare (mit Leinkraut blond) gefärbt.

Der weitverbreitete Frauenmantel, dessen rundliche Blätter bei feuchter Witterung aktiv Wassertropfen in den Blattzahnwinkeln ausscheiden, kann zur Gelbfärbung von Schafwolle verwendet werden. Kleingehackte Blätter werden einige Stunden in Wasser ausgekocht und ergeben das Farbbad. Die Wolle wird in einer Alaun-Lösung vorgebeizt und später im Farbbad gekocht. Am Schluss entsteht ein freundliches Gelb.

Frauen- und Silbermantel sind alte Volksheilmittel bei Magen- und Darmverstimmungen und bei zu starken Monatsblutungen. In der Signaturenlehre sollten die Blätter wegen ihrer Ähnlichkeit mit dem Mantel mittelalterlicher Mariendarstellungen gegen Frauenkrankheiten helfen. C. Fr. Froelich schreibt 1850: «Das Vieh frisst diese Arten gern; sie sollen die Milch vermehren.»

Baumstrünke sind ein eigenes Ökosystem. Nach dem Fällen eines Baumes versiegt die Versorgung des Wurzelwerkes mit Assimilaten aus Blättern oder Nadeln; Wurzeln und Stammansatz sterben ab. Besonders bei einigen Laubbäumen reichen aber die Vorratsstoffe unter dem Boden aus, um neue Triebe zu schlagen (Weiden, Erlen, Esche).

Ein Baumstrunk wird rasch von Pilzfäden (Hyphen) durchwachsen. Man erkennt sie von blossem Auge nicht. Erst im Mikroskop erstaunt die Dichte der Einzelfäden, die zu ganzen Knäueln (Mycelien) versponnen sind. Sie leben vom toten Holz. Je nach Feuchtigkeit beginnen auch verschiedenste Bakterien mit dem Abbau der organischen Restsubstanzen. Mit zunehmendem Morschwerden bevölkert sich der Strunk mit Gliederfüsslern aller Art: Springschwänze, einige nur einen halben Millimeter gross und deshalb leicht zu übersehen, Bärtierchen, denen man kaum ansieht, was vorne und hinten ist, schön skulptierte Milben, Weberknechte, farbenfrohe Webespinnen, Asseln, Ameisen und viele andere. An sonnigen Stellen bohren einsiedlerisch lebende Bienen und Wespen Löcher ins weiche Altholz und legen darin ihre Eier ab. Kleine Würmer und Schnecken verbergen sich gerne im morschen Holz. Oft finden sich die spindelförmige Gehäuse von Schliessmund-Schnecken. Oft lässt sich beobachten, wie Keimlinge von Tannen, Fichten, Föhren oder Lärchen auf einem Strunk auskeimen (Moderkeimer), grösser werden und ihre Wurzeln später hinuntersenken, um im Boden Fuss zu fassen. Nach Jahren zerfällt der alte Strunk völlig, und unter dem hoch gewordenen neuen Baum gähnt ein Loch. Stelzfüssler nennt man so gewachsene Exemplare.

Ein besonderes Ereignis für jeden Menschen ist das Erleben von leuchtendem Holz im Wald bei dunkler Nacht. Das fahle Licht aus einem zerfallenden Strunk stammt vom Mycelium des Hallimasch-Pilzes. Diese Bio-Luminiszenz entsteht bei Kontakt der Pilzfäden mit Luftsauerstoff.

Der gelbbraune Lamellenpilz mit dem haarig beschuppten Hut wächst im Herbst häufig in dichten Büscheln an faulendem Holz – eben an Strünken –, aber auch an lebenden Bäumen. Gekocht ist er essbar, roh jedoch giftig.

# Der Gute Heinrich

Unsere Vorfahren konnten sich noch nicht im sortimentsreichen Superdiscount mit Lebensmitteln eindecken und für Marktkäufe fehlte ihnen das Geld. Wildgemüse half mit, hungrige Kindermäuler zu stopfen und hart arbeitende Frauen und Männer am Leben zu erhalten. Aus Schafgarbe, Frauenmantel, Bärlauch, Kerbel, Schaumkraut, Taubnessel, Wegerich, Gänsedistel, Brennnessel und vielen andern Kräutern wurden schmackhafte Suppen gekocht und gesunde Gemüsegerichte zubereitet.

Eine heute fast vergessene Gemüsepflanze ist der Gute Heinrich, Chenopodium bonus-henricus. Er wächst an überdüngten Stellen, an Wegrändern, in Lägern und um Alphütten und ist ein Verwandter des Spinats und der Ampfern. Typisch sind seine dreieckig-spiessförmigen Blätter. Der Name bezieht sich wahrscheinlich auf die Bedeutung von Heinrich als gutem Geist. Aus den jungen Blättern lässt sich ein wohlschmeckendes Mahl bereiten, und die Sprossspitzen kocht man wie Spargel. Während Bergferien oder in Lagern lassen sich Jung und Alt noch heute damit begeistern.

Kaum hat sich ein von Pflanzen entblösster Rutschhang etwas
stabilisiert, ist eine Aufschüttung abgeschlossen oder ein neuer
Strassenrand verdichtet, leuchten im folgenden Frühjahr die ein-
köpfigen, gelben Blütenstände des Huflattichs oder *Teeblüemlis*
auf. Er ist eine Pionierpflanze, besonders in Lehm und auf staunassen Böden. Die vielen kleinen «Sonnen» überdecken die öden
Ruderalflächen und läuten den Frühling ein. Die grünen Blättchen mit den Pelzchen dienen – von der Mitte nach aussen ge-
rieben – Kindern für ihr Spiel «Spieglein Spieglein an der Wand».

Der Huflattich vermehrt sich sowohl durch Samen als auch ve-
getativ mit bis zwei Meter langen unterirdischen Ausläufern. Die
Blumen erscheinen lange vor den grossen, herzförmigen Blättern. Die Blüten sind im Körbchen anders verteilt als bei den meisten Verwandten: Die 30 bis 40 Scheibenblüten (Röhrenblüten)
sind weiblich, die etwa 300 Randblüten (Zungenblüten) männ-
lich. Die leuchtende Farbe des Blütenstandes lockt Bienen, Fliegen und Käfer an, obwohl kein Nektar ausgeschieden wird. Der
reichlich vorhandene Pollen ist für Insekten eine wertvolle Ei-
weissquelle. Nach der Blütezeit hängen die Körbchen schlaff, um
sich nach der Fruchtreife wieder aufzurichten und auf dem stark
verlängerten Blütenstiel (postflorales Längenwachstum) hoch
über den inzwischen herangewachsenen Blättern ihre Schir-
mchen mit den Samen wegfliegen zu lassen.

Der wissenschaftliche Name Tussilago entstand aus den beiden lateinischen Wörtern tussis = Husten und agere = vertreiben. Die schleimstoffreichen Blätter sind ein altbekanntes Hustenmittel. Weil bei langer Anwendung oder Überdosis Vergiftungen möglich sind, ist der Huflattich kürzlich aus einigen Arz-
neipflanzen-Verzeichnissen verbannt worden.

Einzelnen Pflanzen wurde zu allen Zeiten mystische Bedeutung zugemessen. So der Mistel durch Engländer und Franzosen, der Eiche durch die Germanen und anderen Bäumen durch die moderne Baumtherapie. Die engen mystischen Beziehungen der Griechen zu ihrer Pflanzenwelt äussern sich im Wort «chloris», was Flora bedeutet. Chloris war die Göttin der Blumen, die nach dem Willen der Zeusgattin Hera Pflanzen spriessen liess.

Im Appenzellerland spielte und spielt der Schwarze Holunder eine grosse Rolle. Er ist ein Kulturfolger und wächst in feuchten Laubwäldern, auf Waldschlägen, in Hecken und Siedlungsnähe auf Schuttplätzen. Er steht häufig an der Westseite von Ställen und Scheunen.

Noch heute wagen es einige Bauern nicht, einen *Holderstock* zu vernichten; er wird nur zurückgeschnitten. Die Dämonen bannende Bedeutung ist schwer fassbar, aber sicher hält der Holunder Blitze ab und verschont so Haus und Stall vor Feuer. B. Wartmann zitiert in seiner «St.Gallischen Volksbotanik» von 1874 einen Herrn Senn: «Das Holz darf nicht verbrannt werden; denn sonst passiert sicherlich ein Unglück in der betreffenden Familie. Mein Grossvater wusste dies nicht. Einst machte er Rieswellen aus Hollunderstauden. Eine alte Frau warnte ihn, sie ja nicht zum Einheizen zu verwenden. Er that es indessen doch, und siehe da! Im nächsten Sommer verloren wir ein Pferd und zwei Kälber.»

Den alten Germanen war der Baum heilig und Frau Holle (Freya) geweiht, daher der frühere Name Hollunder. Heute ist das zweite «l», das bis ins 20. Jahrhundert noch geschrieben wurde, verschwunden.

Blüten und Früchte werden vielfältig genutzt. Die Blüten ergeben Holundersirup und, als Tee verwendet, ein schweisstreibendes Hausmittel bei Erkältungskrankheiten. Aus den reifen schwarzen Früchten lässt sich *Holderzonne* zubereiten oder es werden mit Pfannkuchenteig *Holderchüechli* gebacken. Vergorener Holundersaft, oft ergänzt mit Pressgut anderer Früchte oder mit Zuckerwasser, ergibt den beliebten Holderwein.

Änderungen von Pflanzennamen sind nicht beliebt. Laien und Fachleute ärgern sich darüber.

Die deutschen Bezeichnungen sind nicht offiziell und von Gebiet zu Gebiet verschieden. Das Greiskraut heisst andernorts Kreuzkraut oder die Insekten-Ragwurz Fliegen-Orchis. Der bekannte und häufige Löwenzahn (Taraxacum) ist botanisch eigentlich gar kein Löwenzahn, weil dieser Name für die Milchkräuter (Leontodon) gebraucht wird. Aus Grossvaters Pestilenzwurz ist die Pestwurz geworden und aus der Zottenblume der Fieberklee. Jetzt müssen wir uns an die neue Schreibung von Stängellosem Enzian, Gämswurz und Brennnessel gewöhnen. Die deutsche Sprache ist – im Gegensatz zur lateinischen – eine lebendige und sich wandelnde.

Bei den wissenschaftlichen Namen, welche für Botaniker Umgangssprache sind und alle Arten klar kennzeichnen, wiegt eine Namensänderung noch schwerer. Vergleiche mit älteren Literaturangaben verlangen nach einer Namensänderung mühsames Nachsuchen.

Die wissenschaftlichen Namen sind international. Selbst in einem chinesischen oder arabischen Pflanzenbuch finden sie sich. Die binäre Nomenklatur aus zwei lateinischen oder latinisierten Namen geht auf Carl von Linnes «Systema naturae» von 1758 zurück. Ergänzungen, Änderungen und systematische Anpassungen folgen klaren Regeln. Diese sind im Internationalen Code der Botanischen Nomenklatur (ICBN) festgelegt und werden periodisch vom Internationalen Botanikerkongress nachgeführt. In den vergangenen Jahren sind für die einheimischen Pflanzen einige Änderungen, auch Umordnungen, vorgenommen worden. So ist der Waldmeister keine Asperula mehr, sondern ein Galium. Das Steinschmückel hiess früher Draba, heute Petrocallis usw.

Ein krasses Beispiel für Umbenennungen betrifft den Kronlattich, einen gelben Korbblüher in nassen Wiesen und Flachmooren der Ostschweiz. Heute heisst er Calycocorsus stipitatus. Noch vor wenigen Jahren fand man ihn in der Literatur unter dem Namen Willemetia stipitata. C. Fr. Froelich bezeichnete ihn als Willemetia apargoides; auf einem seiner Aquarelle nennt er ihn Crepis apargoides. Peltidium apargoides und Hieracium stipitatum sind nicht mehr verwendete Namen. Nach seinem Entdecker im Raum St.Gallen, C. T. Zollikofer um 1800 hiess er vorübergehend auch Zollikoferia apargoides. Alles klar?

Im Appenzellerland heissen viele Wirtschaften und Hotels *Bären*, was sich in zwei Halbkantonen mit dem Bären im Wappen ziemt. Es folgen *Rössli*, *Linde*, *Krone* und *Hirschen*. *Linde* ist der dritt-häufigste Wirtschaftsname im Appenzellerland.

Sommer- und Winterlinden sind alte Dorf- und Platzlinden oder wurden auf Kuppen und entlang von Strassen angepflanzt; wild wachsen sie in unseren Höhenlagen seltener. Man findet sie in Flurnamen wie Dreilinden, Lindenhügel, Lindenbühl. Linden sind empfindlich gegen Luftverschmutzung.

Die Sommerlinde trägt 3 bis 5 Blüten am Stiel und die Bärt-chen in den Nervenwinkeln der Blattunterseite sind weiss. Bei der Winterlinde sind es 5 bis 10 Blüten, die Bärtchen sind rostfarbig.

Den Germanen war die Linde der Baum der Gerechtigkeit und Sitz der Götter. Sie galt als beseelt. Unter ihr wurde Gericht ge-halten. Später fand man sich unter den Linden zu Musik und Tanz zusammen. Die Strophe eines innerrhodischen Ratzliedes be-zieht sich darauf: «Z Appezöll ond z mette im Dorf, do stoht e grüeni Lende, ond s Zischgeli hed de Schue verlore ond chane nomme fende.»

Die Lindenblüten ergeben den altbekannten, schweisstrei-benden, krampflösenden und fiebersenkenden Tee. Lindenblü-tenhonig soll wertvoller sein als der Lindenhonig, den die Bienen aus den Ausscheidungen der Blattläuse (Honigtau) auf den Blät-tern erzeugen. Der abtropfende Honigtau hinterlässt auf par-kierten Autos klebrige Flecken. Lindenbast benützte man früher zum Flechten von Matten, und noch heute verwendet man ihn als Gärtnerbast und zum Basteln.

Ein Sturmwind brach am 18. Juli 1852 die gewaltige vierhun-der jährige Linde auf dem Landsgemeindeplatz zu Appenzell: «Der Stamm war fünf Schuh vom Stock aufwärts ganz faul.» 1990 erlag eine Nachfolgerin der Teerung des Platzes. Am Mittwoch, den 21. November 1990 – bei wachsendem Mond – wurde die heutige Winterlinde gepflanzt.

Zum 500-Jahr-Jubiläum der Gemeinde Teufen durfte der Schreibende im Namen der Ausserrhoder Gemeinden und des Bezirkes Haslen-Schlatt zwischen dem alten Bahnhof und dem Dorfschulhaus eine Linde setzen. Die währschafte Sitzbank rund um den Stamm wird bei schönem Wetter rege benützt.

Seit Oktober 1998 steht im Areal der Kantonsschule Trogen die Pletscher-Linde. Sie ist Ehrendoktorin Elisabeth Pletscher ge-widmet und von einem Freundeskreis zu ihrem 90. Geburtstag gepflanzt worden.

Alle kennen sie, die gelbe Blume in den Wiesen. Pfafferöhrli, Chetteleblume, Chlepfere, Chrottepösch, Maieblume, Schmalzblueme, Sonnwendlig und Tüüfelsblueme heisst sie, und ihre Blätter sind Hondszunge oder Suküechli. Ihr meist verwendeter Name ist Löwenzahn, wissenschaftlich Taraxacum officinale. Aber Löwenzahn ist ein unglücklicher Name, weil darunter auch die Gattung Leontodon verstanden wird. Viele Primar- und Sekundarschüler mussten in der ersten Hälfte unseres Jahrhunderts ihren botanisch gut ausgebildeten Lehrern Glauben schenken und lernen, dass der Löwenzahn kein Löwenzahn, sondern ein Pfaffenröhrlein sei. Und was gilt jetzt? Unkritische Blumenfreunde nennen alle gelben Korbblütler der Wiesen und Weiden Löwenzahn. Kritischere unterscheiden zwischen dem hohlstängeligen Löwenzahn (Taraxacum) mit fünf Kleinarten und den Milchkräutern (Leontodon) mit fünf Arten.

Blütenbiologisch ist der Löwenzahn (Taraxacum) ein Unikum. Wie früher in den meisten Schulbüchern liebevoll geschildert, saugen Bienen den dargereichten Nektar auf und *höseln* vom reichlichen Pollen. Als Gegenleistung bestäuben sie – zwar unbewusst, aber genetisch geprägt und biologisch sinnvoll – die vielen Zungenblüten im Korb. Nur – der Löwenzahn ist zur Samenbildung ohne Befruchtung, zur Jungfernzeugung (Apomixis), übergegangen! Er scheint nicht mehr auf den Insektenbesuch angewiesen zu sein. Zum Trost stimmt die Symbiose vom Geben und Nehmen in der Mehrzahl der übrigen Fälle, wo Insekten Blüten besuchen, weiterhin.

Kinder spielen mit dem Löwenzahn. Es werden, wie von schon Froelich erwähnt, Ketten und Kränze gebunden. «Techniker» bauen aus den hohlen Stängeln Wasserleitungen. «Künstler» ritzen und spalten den Stängel und legen ihn ins Wasser, wobei sich die Teilstücke infolge des innern Gewebedruckes nach aussen aufrollen und hübsche Formen erzeugen. Die Fruchtköpfe werden für das Spiel «Himmel oder Höll?» ausgeblasen, wobei die Kinder die Fallschirmchen lange verfolgen. Auf diese spielerische Weise erkennen sie früh die Samenverbreitung durch Schirmflieger: die mittlere Verbreitungsweite beträgt etwa 10 Kilometer, die mittlere Sinkgeschwindigkeit 10 bis 35 Zenitmeter pro Sekunde.

Die Abneigung vieler Menschen gegenüber wissenschaftlichen Namen soll vor über 50 Jahren ein Bauer zwischen St.Gallen und Teufen dazu benutzt haben, Sonntagsspaziergänger von seinen blumenreichen Wiesen fernzuhalten: Er stellte eine Tafel auf mit der Warnung «Achtung! In der Wiese hat's Taraxacum.»

Zwischen 1850 und 1881 ist eine für das Appenzellerland neue Pflanze entdeckt worden: die Grüne Nieswurz. Froelich erwähnte diese Pflanze in seinem Buch von 1850 noch nicht. Wartmann und Schlatter nannten dagegen 1888 vier appenzellische Standorte in Wolfhalden, Wald, Teufen und Schönengrund. Der Fundort in Teufen ist den Autoren von Froelich gemeldet worden. Die Entdeckung der Grünen Nieswurz in Teufen muss deshalb zwischen 1850 und 1888 erfolgt sein. In einer Hecke nahe der Strasse vom Sternen nach Stein wächst die Grüne Nieswurz heute noch in etlichen Exemplaren. Die andern drei Standorte sind erloschen. Erst kürzlich sind zwischen Hundwil und Urnäsch wenige Stauden gesichtet worden. Vielleicht sind sie mit Erdmaterial zugeführt worden.

Die Grüne Nieswurz, eine nahe Verwandte der besser bekannten Christrose, wächst im Tessin und nur sehr zerstreut in lichten Wäldern und Gebüschen entlang einiger Föhntäler auf der Alpennordseite. Wie sich die für Ameisenverbreitung geeigneten Samen über weite Strecken verstreuen, ist unklar.

Bei den Teufner Pflanzen dürfte es sich mit grosser Sicherheit um Klostergartenflüchtlinge aus dem Kloster Wonnenstein handeln. Auf einem der 141 Pflanzen-Aquarelle Froelichs in der Kantonsbibliothek Vadiana St.Gallen fand der Autor erst kürzlich auf dem Blatt mit der Helleborus viridis die (später?) zugefügte Bemerkung: «Auf Schutt am Rande des Wäldchens beim Klösterli und bei Teufen und Oberegg.» Die Klostergartenflüchtlingshypothese ist damit erhärtet. Wahrscheinlich verweist Froelich mit der Standortangabe Oberegg auf einen Flüchtling aus dem Kloster Grimmenstein. Die Grüne Nieswurz ist in vielen Klostergartenverzeichnissen aufgeführt. Gegen die klösterliche Herkunft sprechen allerdings die früheren Standortangaben aus Wald und Schönengrund. Vielleicht waren es Ableger aus Bauerngärten. Die Pflanze galt als Heilmittel bei Gicht und Rheuma, enthält aber ein gefährliches Herzgift.

Der Name Nieswurz geht auf die Verwendung der pulverisierten Rhizome der Schwarzen Nieswurz (Christrose) als Beigabe zum «Schneeberger Schnupftabak» zurück.

Durch den Bau der Teufner Umfahrungsstrasse schien die Pflanze gefährdet. Oberförster Rolf Ehrbar und der Schreibende verpflanzten deshalb im Juni 1970 einzelne Stöcke in die nähere Umgebung: hinter das Kloster Wonnenstein, südöstlich der kantonalen Strafanstalt Gmünden, und beim seinerzeitigen Pflanzgarten in der Hauteten. Sie haben sich bis heute erhalten.

Die Gemeine Pestwurz (Petasites hybridus) wächst an vielen Bächen und in Erlengestrüpp. Die Stängel ihrer rötlichen Blüten verlängern sich zur Fruchtzeit bis zu einem Meter, und ihre riesigen Blätter dienen spielenden Kindern als Regenschirm. Wegen ihres Schleimstoffgehaltes wird sie in der Volksmedizin als Hustenmittel gebraucht. Die Blätter sollen Würmer aus dem Körper vertreiben und Wunden heilen. Im Mittelalter versuchte man die Pest damit auszutreiben; daher der Name. Bei Hildegard von Bingen hiess die Pflanze Huffla major.

Heute ist die Pestwurz als Arzneimittel neu entdeckt. Einige pharmazeutische Firmen und Universitätsinstitute forschen an ihr. Der Hauptwirkstoff in den Rhizomen sind die Petasine, die eine krampfstillende und beruhigende Wirkung haben. Analysen dieser Pflanze zeigen, dass die Inhaltsstoffe je nach Standort variieren können, sowohl qualitativ als auch quantitativ. Genetisch sind sie verschieden. Man unterscheidet zwei Chemo-Varietäten, die Petasin- und die Furan-Variante. Für die Herstellung von Arzneimitteln verwendet man vorläufig nur die Petasin-Variante.

Welche Varianten kommen im Appenzellerland vor? Die recht schwierigen Untersuchungen sind noch nicht abgeschlossen, doch lässt sich vermuten, dass im Raum Urnäsch eher die petasinhaltigen wachsen, während im innerrhodischen Wissbachtal offenbar furanhaltige vorherrschen. Diese Aussage ist nur vorläufig, da zu wenig gesichert. Es ist ausserordentlich spannend, nach ökologischen Unterschieden der beiden Varianten zu suchen. Werden Blätter und Rhizome von den gleichen Insekten und Schnecken angeknabbert oder zeigen sich Unterschiede? Zurzeit ist die Frage noch offen.

## Das Allerweltsgras

Welches sind die häufigsten Blütenpflanzen im Appenzellerland: Löwenzahn, Hahnenfuss, Spitzgras oder Rottanne? Eine sichere Antwort ist schwer zu geben: Geht es um die Anzahl der Individuen oder um die Flächenbedeckung?

Hier wird das sehr häufige Unkraut das Einjährige Rispen- oder Spitzgras näher vorgestellt: Es lebt fast überall, oft versteckt, und wo es dem Menschen in die Augen springt, wird es meist verflucht: zwischen Gemüsen im Pflanzgarten, auf Kieswegen im Ziergarten, zwischen verlegten Platten auf dem Sitzplatz, überall, wo man eben kein Unkraut haben möchte. Es gedeiht auf Spielplätzen, Feldwegen, an Strassenrändern, in Lücken überweideter Wiesen und in Weiden bis vor die obersten Alphütten. Es kann zu jeder Jahreszeit blühen und reifen, unabhängig von der Tageslänge, selbst unter dem Schnee. Selbstbestäubung ist bei Poa annua häufig, die Samenverbreitung erfolgt mit Regenwasser und durch Tritt von Mensch und Tier. Es ist ein Ubiquist: es kommt, mit Ausnahme der Polargebiete, fast überall auf der Erde vor.

Das unscheinbare Gras hat ästhetischen Wert, es hat schon viele Zeichner begeistert. Die zierliche, 1,5 bis 5 Zentimeter lange Rispe entfaltet sich bei der Reife und streckt ihre Äste rechtwinklig zum Halm aus.

«Födlegräs» oder «Füdliheu» waren einst geläufige Mundartbezeichnungen für das Spitzgras.

Wie das *Landsgmändsblüemli* wohl künftig in Ausserrhoden heissen wird? Bis zur Abschaffung der Landsgemeinden 1997 begleitete es mit Sicherheit die Männer und später auch die Frauen auf dem Weg zum politischen Höhepunkt des Jahres Ende April abwechslungsweise nach Hundwil und Trogen. Darum hiess das Wiesen-Schaumkraut auch in Ausserrhoden Landsgmändsblüemli. In Innerrhoden, wo die Landsgemeinde noch erhalten ist, wird es seinen umgangssprachlichen Namen wohl noch lange behalten. Es gibt wohl keine andere Pflanze, deren Mundartname auf die beiden Halbkantone beschränkt ist, wie das Landsgmändsblüemli.

Das Wiesenschaumkraut liebt feuchte Wiesen, Weiden und Waldränder. Es ist ein Vertreter der Familie der Kreuzblütler: Vier Kelch- und vier lilafarbige Kronblätter stehen übers Kreuz, und von den sechs Staubblättern sind vier länger als die beiden übrigen. Oft findet sich an den Stängeln eine weisse, schaumartige Masse, in der die Larven einer Schaumzikade heranwachsen; daher der Name. Junge Blätter können wie Kresse genossen werden.

Im Gegensatz zu den meisten Tieren, die als Weibchen oder Männchen leben, sind die höheren Pflanzen in der Mehrzahl mit Zwitterblüten ausgestattet. Von Kelch und Krone umschlossen reifen, oft nacheinander, Fruchtblätter mit im Fruchtknoten eingeschlossener Eizelle und Staubblätter mit dem Pollenbehälter heran. Meist wird Fremdbestäubung mit unterschiedlichen Einrichtungen gefördert, Selbstbestäubungen sind sowohl als Regel wie als Ausnahme bekannt.

Bei Tieren und Pflanzen finden sich Abweichungen von den Regeln. Schnecken sind zwittrige Tiere, sie sind mit männlichen und weiblichen Organen ausgestattet. Seggen, Eibe, Weiden, Grosse Brennnessel, Rote Waldnelke und andere tragen geschlechtlich getrennte Blüten. Diese können sich an der gleichen Pflanze entwickeln, sie sind einhäusig; verteilen sie sich auf verschiedene Individuen, sind sie zweihäusig.

Oft kommt es zu Enttäuschungen, wenn eine junge Weide im Garten nicht die erhofften Kätzchen ausbildet, weil sie weiblich ist, oder wenn Sanddorn und Wacholder nie Früchte tragen, weil es männliche Exemplare sind.

Fast alle einheimischen Seggen oder Sauergräser sind einhäusige Pflanzen. Als Beispiel dient die Gelbe Segge: Sie gedeiht auf nassen Böden und in Flachmooren, wird 10 bis 40 Zentimeter hoch und besitzt einen dreikantigen Stängel. Dieser trägt 2 bis 4 dicht stehende, fast kugelige weibliche Ähren, die einem kleinen Igel ähneln. Die einzige männliche Ähre steht endständig darüber. Die Reife der beiden Geschlechter erfolgt nacheinander und erleichtert dadurch eine Fremdbestäubung.

Alle Seggen bleiben als Windblüher farblich bescheiden. Ihre fantasiereichen Blütenformen vermögen aber genaue Beobachterinnen und Beobachter zu begeistern.

Im alten Griechenland hiess der Lorbeer Daphne. Daphne war eine von Apoll geliebte und verfolgte Nymphe, die auf ihr Flehen von ihrer Mutter in einen Lorbeerbaum verwandelt wurde. Verwandte des Seidelbastes zeigen ähnliche Blattformen wie der Lorbeer, weshalb die Gattung den Namen Daphne erhielt.

Der Seidelbast heisst auch Kellerhals. Dieser Name stammt vom würgenden Gefühl bei Vergiftungen: Kehr den Hals. Alle Teile, besonders aber Rinde und Same, enthalten giftige Scharfstoffe. Der gelegentlich fast ein Meter hohe, winterkahle Strauch einheimischer Laub-Mischwälder gibt zu vielen Beobachtungen und Überlegungen Anlass:

Der Seidelbast ist ein Frühblüher; die Blüten erscheinen vor dem Laubaustrieb im März oder April. Im hellen Frühlingswald sollen Falter und Bienen die stark duftenden Blüten leichter finden als später nach der Verdunkelung durch die Laubbaumkronen. Mag sein. Vielleicht hat die Natur noch andere Gründe für den frühen Blühtermin. Geduldige Beobachterinnen und Beobachter sollten einmal das Nachtleben des Seidelbastes studieren: In der Nacht duften die Blüten extrem stark. Ziehen sie damit nächtliche Besucher an?

Die Schau-Wirkung geht beim Seidelbast nicht, wie meist üblich, von den Kronblättern aus. Hier locken farbige Kelchblätter; Kronblätter fehlen.

Der Seidelbast ist die einzige heimische Pflanze, die Blüten und Früchte direkt am Stamm ausbildet, wie dies beim Kaffee, Kakao und andern Tropenpflanzen der Fall ist.

Die Beeren dienen der Samenverbreitung. Die stark öligen Seidelbastbeeren sind sehr giftig. Otto Schmeil, ein grossartiger Lehrbuchautor um die Jahrhundertwende, erklärte die Giftigkeit positiv als Frassschutz. Über die dadurch verhinderte Beerenverbreitung äusserte er sich jedoch nicht. Heute weiss man, dass das Fruchtfleisch für Vögel – es sollen vor allem Bachstelzen und Drosseln sein – ungiftig ist. Die Kerne werden, fern von der Stammpflanze, ausgespien. Mundwanderung nennt man diese Verbreitungsart. Der Verfasser hatte noch nie Gelegenheit, Bachstelzen bei der Einnahme von Seidelbastbeeren zu beobachten, wohl aber Drosseln. Vielleicht verschleppen auch Schnecken in ihrem Darm Samen wie bei der Einbeere.

Der Seidelbast ist eine geschützte Pflanze. Dank der kaum mehr praktizierten einseitigen Nadelholzaufforstung dürfte er in Zukunft wieder häufiger auftreten als heute.

*Wie lieblich duftet uns im März der Seidelbast! Doch innerwärts ist er voll Gift und Galle, weil wir, in diesem Falle, das Wunder nur beschauen sollen. (Man muss nicht alles kauen wollen!)*

Seidelbast aus dem heiteren Herbarium von Karl Heinrich Waggerl

Die grünen Pflanzen sind das Ein und Alles der Natur. Sie stellen in komplizierten chemischen Prozessen mit Hilfe des Sonnenlichtes Zucker, Wasser und Kohlendioxid her und setzen dabei Sauerstoff frei. Auch die pflanzlichen Eiweisse, Öle und Vitamine basieren letztlich auf der Fotosynthese. Im Ökosystem Erde sind die Pflanzen Nahrungs- und Sauerstofflieferanten.

Es gibt aber einige Abweichler.

Die Sommerwurz ist chlorophyllfrei. Sie ist ein Vollschmarotzer, ein Parasit. Mit Saugorganen entzieht sie ihrer Wirtspflanze Wasser mit Nährsalzen und Assimilate. Die meist in den Voralpen wachsenden Sommerwurzarten haben sich vor allem auf Pestwurz, Alpendost, Eisenhut, Labkräuter, Thymian, Disteln und Kleearten eingestellt.

Auch die Nestwurz, eine Orchidee in appenzellischen Wäldern, enthält kein Chlorophyll und kann deshalb nicht assimilieren. Sie bezieht ihre Stoffe aber nicht von lebenden Pflanzen, sondern aus totem organischem Material. Sie ist, wie die Pilze oder der Fichtenspargel, ein Saprophyt.

Der Augentrost ist ein Beispiel für einen Halbschmarotzer. Er ist grün, assimiliert selbständig, bildet aber keine echten Wurzeln aus, sondern entzieht das Wasser samt den Salzen dem Wurzelwerk eines Wirtes. Dieser ist irgendein ausdauerndes Kraut in Wiesen und Weiden. Andere einheimische Halbschmarotzer sind Klappertopf, Läusekräuter, Tozzie, Alpenhelm und Wachtelweizen. Auch die Mistel gehört zu ihnen, aber sie besiedelt die Krone von Pappeln, Apfelbäumen oder Weisstannen.

Der Efeu ist kein Schmarotzer. Die Luftwurzeln dienen der Festklammerung an Bäumen, Felsen oder Mauern. Er kann einen Baum oder Strauch durch seine Beschattung schädigen.

1731 hat der Naturforscher Johannes Gessner (1709–1790) eine für die Schweiz neue Pflanze in den «Alpibus Abbatiscellanus» entdeckt: das Pyrenäische Steinschmückel. Erst später sind einige weitere Standorte am Pilatus sowie im westschweizerischen Alpengebiet bekannt geworden.

Das Steinschmückel mit seinen grundständigen Blattrosetten erkennt man an den keilförmigen, dreispaltigen Blattspitzchen. Als Vertreter der Familie der Kreuzblütler zählt die rosafarbige Blüte vier Kronblätter und unterscheidet sich dadurch leicht von den fünfzähligen Blüten der Steinbrech- oder Mannsschildarten. Das Steinschmückel ist heute im Säntis- und Altmanngebiet an Kalkfelsen und in Felsschutt gut zu finden. Sein niedrigster Standort liegt bei 1830 Metern am Hundstein. Einige Standorte sind durch Schafbeweidung gefährdet.

«Kan schinneren Baam als wie an Vugelbeer-Baam» lautet ein österreichisches Volkslied, das auch in der Ostschweiz mit etwas anderer Betonung gerne gesungen wird.

Die grellroten Äpfelchen leuchten im blauen Herbsthimmel wie «keine so schön».

Woher stammt der offizielle Name Eberesche für den Vogelbeerbaum? Und: Sind Vogelbeeren giftig? – Diese beiden Fragen werden oft gestellt.

Der Bezug zur Esche ist wegen der ähnlich gefiederten Blätter naheliegend. Eber, der Geschlechtspartner der Sau, soll nicht so etwas wie unschön oder falsch bedeuten, sondern an die frühere Nutzung zur Schweinefütterung erinnern. Die reifen Beeren sind ungiftig und als Zugabe bei der Bereitung von Konfitüren aus geschmacklichen und inhaltlichen Gründen zu empfehlen. Sie enthalten viel Vitamin C, Karotin und Sorbit; die schwach giftige Parasorbinsäure der unreifen Früchte verschwindet beim Kochen.

Die Eberesche gedeiht als Begleiter feuchter Hänge von der Laubwaldzone bis an die obere Waldgrenze. Früher verwendete man sie gerne als Alleebaum entlang von Landstrassen, wie dies heute noch im Sand bei Trogen der Fall ist. Nicht selten verwildert sie aus Gärten und Anlagen. Der an Maikäfer erinnernde Blütengeruch lockt besonders Fliegen und Käfer an. Die flachen Doldenrispen sind oft fast ganz mit diesen Insekten bedeckt. Auch Bienen besuchen die Blüten dieses Rosengewächses gerne.

Weitgereiste Kaufleute und Ingenieure brachten im vergangenen Jahrhundert Pflanzen aus der Ferne zurück, die aber im rau-
hen Appenzellerland meist nicht sehr lange weiterlebten. Aka-
zien in Trogen und eine Araukarie in Walzenhausen waren immerhin während einiger Jahre zu bewundern.

Beständiger und bis heute gut erhalten sind Wellingtonien
oder Mammutbäume. In Reute, im Kurpark Walzenhausen, beim
Friedhof in Trogen, am Stoss in Gais, in Teufen, Herisau und andern Orten stehen heute noch mächtige Bäume. Diese Kerle mit
ihrem internationalen Namen Sequoiadendron giganteum
(früher Sequoia gigantea) stammen von den Westhängen der
Sierra Nevada in Kalifornien. 1853 soll der Baum erstmals nach
England gebracht worden sein.

Wer brachte Wellingtonien ins Appenzellerland? Nach münd-
lichen Überlieferungen soll der seinerzeitige Kantonsschulrektor
Ernst Wildi von einem «erfolgreichen ehemaligen Schüler» gesprochen haben. Andere Quellen nennen einen «Panama-Son-
deregger», einen Ingenieur, der am Bau des Panamakanals mit-
gewirkt hatte. Vielleicht sind die beiden identisch. Da der Pana-
makanal aber erst zwischen 1879 und 1881 erbaut wurde und die
ältesten appenzellischen Wellingtonien etwa auf das Jahr 1866
zurückgehen, müssen schon früher erste Exemplare hierher gelangt sein. Die Trogener Wellingtonien liess Weinhändler J. J.
Sturzenegger-Graf pflanzen: eine erste 1866 nach der Schlacht
von Königsgräz, eine zweite nach der Schlacht von Sedan 1870,
wo Napoleon III. gefangen genommen wurde, und eine dritte
nach dem Friedensschluss von Versailles 1871. Insgesamt stehen
fünf Bäume an der Staatsstrasse von Trogen nach Wald.

1870 hat ein Knecht im Auftrag des Arztes Johannes Küng die
Wellingtonie am Stoss gepflanzt.

Der riesige Baum im Herisauer Oberdorf dürfte etwa gleich
alt sein. Er hat 1948 erstmals geblüht und wurde in den Siebzi-
gerjahren zum Politikum wegen einer Strassenverbreiterung und
nachbarrechtlicher Probleme. Er durfte letztlich auf Initiative
von Joachim Auer und dank des Entgegenkommens der Migros
stehen bleiben. Wer der Rückkehrer aus Amerika war, der einen
Sack voll Samen im ganzen Appenzellerland verstreut hatte,
bleibt ungewiss. Vielleicht waren es auch mehrere.

Der Name Wellingtonia erinnert an den Herzog von Welling-
ton (1769–1852), Sequoia an den Schöpfer des Chirokee-Alpha-
bets (Se-Quo-Yah, 1770–1843).

Farne, Schachtelhalme und Bärlapp-Gewächse sind Sporen-pflanzen, sogenannte Gefäss-Kryptogamen. Weil sie alle recht stattliche grüne Pflanzen sind, werden sie in Floren-Werke ein-bezogen, obwohl sie keine Blüten bilden und nie Samen produ-zieren.

Am Gemeinen Wurmfarn kann der spannende Vermeh-rungsvorgang dieser Blütenlosen exemplarisch geschildert wer-den:

Ungeschlechtlich gebildete Sporen werden bei Trockenheit aus ihrer Kapsel auf der Unterseite der grünen Wedel wegge-schleudert. Aus ihnen entwickelt sich ein kaum ein Zentimeter grosser, herzförmiger Vorkeim, das Prothallium. Auf seiner Un-terseite trägt es zahlreiche weibliche und männliche Ge-schlechtsorgane, Archegonien und Antheridien. Im Wasser zwi-schen Vorkeim und Erdboden platzen die Antheridien, und Schwärmerzellen (Spermatozoiden) schwimmen zu den Arche-gonien und befruchten die darin liegende Eizelle. Kleinste Men-gen von Apfelsäure weisen den Schwärmerzellen den Weg. Nach dieser geschlechtlichen Phase entwickelt sich eine neue Farn-pflanze, die nach einigen Jahren wieder Sporenbehälter bildet.

Der Name Wurmfarn entspringt der alten Erfahrung, dass das Rhizom als Mittel gegen Würmer verwendet werden kann. Die Pflanze ist einer der häufigsten Farne in feuchten Wäldern.

# Verzeichnisse

## Pflanzenschutz

Bis Anfang des 20. Jahrhunderts wurden Blumen oft sackweise gepflückt und verkauft. Edelweiss, Enziane, Alpenrosen und Feuerlilien wurden dadurch in ihren Beständen gefährdet. Im Wattbachtobel und auf den Eggen sollen im letzten Jahrhundert noch viele Alpenrosen gewachsen sein. Die Hundwilerhöhe hätte wegen der dichten Bestände zeitweise gar «Roter Berg» geheissen. Zur Vervollständigung ihrer Herbarien hatten auch Pflanzenkenner letzte Raritäten gestohlen, wegbotanisiert (z.B. Bienen-Orchis). Die Kantonsregierungen mussten handeln und Pflanzen- und Naturschutzverordnungen erlassen.

Die Wirkung blieb nicht aus. Das Verständnis für Schutzmassnahmen ist in der Bevölkerung gewachsen. Mit der Zeit erkannte man, dass Pflanzen gemeinsam in Verbänden wachsen, und man erweiterte den Schutz von Einzelpflanzen auf ganze Gesellschaften. Pflanzenschutzgebiete wurden ausgeschieden, in denen das Pflücken aller Pflanzen verboten wurde. Wichtigstes Ziel aber ist es, Lebensräume zu erhalten. Wo melioriert, überdüngt und überbaut wird, geht jedesmal ein Stück Natur verloren. Seit der Annahme der eidgenössischen Rotenthurm-Initiative 1987 ist der Moorschutz in der Bundesverfassung verankert. Dank der Raumplanung sind heute auch andere wertvolle Areale erfasst worden.

Einzelne Pflanzen sind seit 1991 in der ganzen Schweiz durch die Natur- und Heimatschutzverordnung geschützt. Zum Teil deckt sich das Verzeichnis mit den appenzellischen Verordnungen.

# APPENZELL AUSSER-RHODEN
# PFLANZEN-SCHUTZ

Das Ausreissen u. Ausgraben, das massenhafte Pflücken, Feilbieten oder Versenden nachstehend in Bild oder Text aufgeführter Pflanzen ist verboten:

W. Früh

1. Silberrourz  2. Türkenbund  3. Sterndolde  4. Seidelbast  5. Alpenaster  6. Prachtnelke  7. Alpenanemone  8. Waldnelke  9. Narzissenblütige Anemone  10. Fliegenorchis  11. Stengelloser Enzian  12. Felsenaurikel  13. Männertreu  14. Frauenschuh  15. Schweizerischer Mannsschild  16. Frühlingsenzian  17. Leimkraut

Unter diesem Schutze stehen ausserdem: Alpenrosen, Edelweiss, Arnika, Fingerhut, Katzentöpfli, Königskerze, polsterbildende Leimkräuter, Lilien, Mannsschildarten, Maienrisli, Narzissen, Knabenkräuter, Schneeglöckchen, Sonnentau, Stechpalme, Trollblume, Veilchen u. die Zweige der Kätzchenblütler: Weiden, Erlen, Haseln, Espen u. Birken. Übertretungen werden mit 5 bis 100 Fr. und Konfiskation der widerrechtlich gepflückten Pflanzen gebüsst. §§ 1, 2, 3 u. 8 der kant. Verordnung vom 25. März 1929 über den Naturschutz.

EIDENBENZ-SEITZ & C⁹ ST. GALLEN.

## LISTE DER EIDGENÖSSISCH GESCHÜTZEN PFLANZEN, SOWEIT SIE IM APPENZELLERLAND VORKOMMEN

**Hirschzunge**

**Hoher Rittersporn**

**Sonnentau** (alle vier Arten)

**Bewimperter Mannsschild**

**Schweizer Mannsschild**

**Pracht-Nelke**

**Stein-Nelke**

**Lungen-Enzian**

**Feuerlilie**

**Türkenbund**

**Gelbe Schwertlilie**

**Alle Orchideen**
(Frauenschuh, Knabenkräuter, Männertreu etc., insgesamt über 30 Arten)


## ERGÄNZENDE LISTE DER KANTONAL GESCHÜTZTEN PFLANZEN
AR = Ausserrhoden, AI = Innerrhoden

|  | total geschützt | teilweise geschützt |
|---|---|---|
| **Maiglöckchen, Maienriesli** | AI | AR |
| **Osterglocke** |  | AR |
| **Märzenglöckchen** |  | AR |
| **Schneeglöckchen** |  | AR |
| **Alpen-Anemone «alte Mannen»** |  | AR |
| **Alpenrosen** (beide) |  | AR |
| **Kalk-Polsternelke = Stängelloses Leimkraut** | AI |  |
| **Aurikel, Flühblümchen** |  | AR |
| **Alpenglöckchen, Soldanelle** |  | AR |
| **Akelei** |  | AR |
| **Seidelbast** | AR / AI |  |
| **Sterndolde** | AI |  |
| **Clusius' und Koch'scher Enzian** |  | AR |
| **Strauss-Glockenblume** | AI |  |
| **Alpen-Aster** | AI |  |
| **Edelweiss** | AR / AI |  |
| **Arnika** | AI |  |
| **Berg-Flockenblume** | AI |  |

Pflanzenschutz-Plakat für
Appenzell Ausserrhoden
von 1929

In Innerrhoden dürfen von allen anderen Pflanzen höchstens zehn Stück abgerissen werden. Ausserrhoden schützt namentlich einige Arten «teilweise»: von ihnen dürfen höchstens drei gepflückt werden.

Frauenschuh

Die Gebiete mit totalem Pflanzenschutz sind:

| Innerrhoden | Ausserrhoden |
|---|---|
| Fälen-Altmann | Hochalp |
| Alp Sigel | Chammhalde-Petersalp-Spitzli |
| Messmer | Saumweiher |
| Nordöstlich Seealpsee | Tobelhänge Teufen |
| Obere Helchen | Nordhang Hirschberg |
| | Unterer Gäbris |

Die Liste ist etwas veraltet, weil in der Zwischenzeit auch alle Moore unter Schutz gestellt worden sind (siehe Kapitel Seen, Sümpfe, Moore, Seite 69).

«Es sollte jetzt nicht mehr so schwer fallen, den barbarischen Verwüstungen in den blumigen Alpenwiesen unseres Kantons Einhalt zu tun, wenn alle Naturfreunde sich bestreben, Bergwanderer, welche ganze Traglasten Alpenblumen zu Tale schleppen, auf dem nächsten Polizeiposten zur Anzeige zu bringen. Vorerst sollte aber noch für eine weitgehende Verbreitung des erlassenen Verbotes durch Anschlag an Bäumen, Felsen und Alphütten in den Bergregionen gesorgt werden», schrieb G. Ambühl. Diese Aussagen finden sich im Jahrbuch der St. Gallischen Naturwissenschaftlichen Gesellschaft und beziehen sich auf die Pflanzenschutz-Verordnung des Kantons St.Gallen von 1907. Sie dokumentieren den damaligen Übelstand, der auch im appenzellischen Teil des Alpsteins herrschte.

Die Natur muss zum Überleben vom Menschen für den Menschen und vor dem Menschen geschützt werden.

# Einheimische Heilpflanzen

Pflanzen – auch Heilpflanzen – dürfen nur dort in grösseren Mengen gepflückt werden, wo sie ohnehin bald abgemäht oder abgeweidet würden; in Pflanzenschutzgebieten ist das Sammeln gänzlich untersagt. Deshalb, und weil es oft einfacher ist, werden Heilpflanzen von Produkteherstellern an geeigneten Standorten im In- und Ausland kultiviert. Pharmazeutisch hat dies den Vorteil, dass das Erntedatum optimal gewählt werden kann, und dass die einheitlichen Inhaltsstoffe genau geprüft werden können. Das eigene erwartungsvolle Suchen und glückliche Finden gewünschter Pflanzen am Waldrand, an der Wegböschung, am Bach oder auf der Alpweide kann einen Teil der durch die Anwendung der Heilpflanze erhofften Heilung vorwegnehmen.

Die bekanntesten einheimischen Heilpflanzen sind Linde, Johanniskraut, Wallwurz, Käslikraut und Arnika. Daneben nutzen Kennerinnen und Kenner etliche andere Arten und berichten von guten Erfolgen bei deren Anwendung. Zusammen mit jenen Pflanzen, die heute als veraltet gelten, umfasst das appenzellische Heilpflanzen-Verzeichnis fast 250 Namen!

In der nachfolgenden Tabelle sind nur Pflanzen aufgezählt, die in der «Pharmacopoea Helvetica» beschrieben, also offizinell sind. Offizinell heisst nach Duden «arzneilich, als Heilpflanze anerkannt». Der Eintrag im Schweizerischen oder im Europäischen Heilmittelverzeichnis erfolgt nach strengen Kriterien. So fehlen darin beispielsweise die Wallwurz (Beinwell) und der Gebräuchliche Ehrenpreis trotz ihrer alten wissenschaftlichen Bezeichnungen Symphytum officinale und Veronica officinalis.

## MEDIZINALPFLANZEN IM APPENZELLERLAND
Auszug aus der Pharmacopoea Helvetica

| Deutscher Name | Droge | Vorkommen |
| --- | --- | --- |
| Arnika | Arnicae flos | Bergwiesen. Geschützt! |
| Bärentraube, Immergrüne | Uvae ursi folium | Steinige Orte, nicht häufig |
| Baldrian, Gebräuchlicher | Valerianae radix | Feuchte Wälder und Wiesen |
| Birke | Betulae folium | Waldränder, Torfmoore |
| Brennnessel, Grosse | Urticae herba et radix | Überall auf nährstoffreichen Böden |
| Eiche | Quercus cortex | Wälder, in hohen Lagen selten |
| Enzian, Gelber | Gentianae radix | Bergwiesen und -weiden |
| Faulbaum | Frangulae cortex | Hecken, Gebüsche |
| Heidelbeere | Myrtilli fructus | Wälder, Moore |

| | | |
|---|---|---|
| **Himbeere** | Rubi idaei sirupus | Waldschläge, Gebüsche |
| **Holunder, Schwarzer** | Sambuci flos | Waldschläge, Gebüsche |
| **Huflattich** | Farfarae folium et flos | Wegränder, Rutschhänge |
| **Königskerze, Grossblütige** | Verbasci flos | Steinige Orte, selten, unbeständig |
| **Kreuzblume, Bittere** | Polygalae radix | Feuchte Weiden, Flachmoore |
| **Kümmel** | Carvi fructus | Wiesen und Weiden |
| **Linde** (beide) | Tiliae flos | Wälder, Einzelpflanzen in Anlagen |
| **Malve, Käslikraut** | Malvae flos | Wegränder, um Häuser |
| **Schachtelhalm, Acker-** | Equiseti herba | Felder, Wegränder |
| **Schafgarbe, Gemeine** | Millefolii flos | Wiesen, Weiden |
| **Tausendguldenkraut** | Centaurii herba | Waldschläge, selten |
| **Thymian, Arznei-** | Thymi herba | Magere Wiesen und Weiden |
| **Tollkirsche** | Belladonnae folium | Waldschläge. Giftpflanze! |
| **Wacholder, Gemeiner** | Juniperi fructus | Trockene Hänge |
| **Wegerich, Spitz-** | Plantaginis folium | Wiesen, Wegränder |
| **Weissdorn** (beide) | Crataegi folium cum flore | Waldränder, Gebüsche |

Heilpflanzen nutzt der Mensch seit eh und je. Das Wissen um die heilende Wirkung beruhte früher allein auf Erfahrung. Die Erfahrungsmedizin spielt immer noch eine grosse Rolle. Im wissenschaftszentrierten 20. Jahrhundert untersuchen Forscherinnen und Forscher die wirksamen Inhaltsstoffe und prüfen sie auf ihre physiologische Wirksamkeit. Jede Pflanze stellt eine riesige Anzahl Stoffe her. Früher glaubte man, dass viele dieser Metaboliten Abfallstoffe seien, die die Pflanze nicht ausscheiden kann und darum einlagert. Heute neigt man dazu, jedem Inhaltsstoff eine spezifische Bedeutung zuzumessen. Es kann ein einzelner Stoff eine bestimmte Wirkung erzielen, dann wieder eine bestimmte Stoffkombination. Die Ökologie der Biochemie ist ein interessantes Forschungsgebiet.

Viele Medikamente, wie das Aspirin, bestehen zum grossen Teil aus Salicylsäure. Diese wird heute synthetisch hergestellt, während man sie früher aus Weidenrinden und Rüsterstauden gewann. Bei Fieber kaute man einst von diesen Pflanzen. Mit den modernen Tabletten und Pulvern ist der Wirkstoff viel leichter zu dosieren. Forscher haben den Wirkungsweg dieses Pflanzenstoffes entdeckt: Die Salicylsäure reduziert eine Hormonausschüttung im Körper (Prostaglandin), was die Körpertemperatur weniger hoch ansteigen lässt und gleichzeitig die Aggregation der Blutplättchen (Thrombozyten) verringert, also das Blut verdünnt.

Ein spannendes Gebiet sind die Pflanzen der Liebe (Aphrodisiaka) und die Abortiv-Pflanzen. Ob die Verschwiegenheit gegenüber der Sexualität in unserem Kulturraum diesbezügliche Veröffentlichungen nicht gestattete? Es ist wenig zu erfahren. In andern Gegenden kennt man die Verwendung von Brennnessel, Hanf, Schafgarbe, Waldmeister oder Fliegenpilz als Aphrodisiaka. Sie alle zählen auch zur appenzellischen Flora. Welche Pflanzen die Engelmacherinnen bei ihren oft folgeschweren Eingriffen zur Abtreibung verwendeten, blieb meist ihr Geheimnis. Verbürgt ist die Verwendung des Sefistrauches (Juniperus sabina). Dieser soll bewusst ausgerottet worden sein und wächst vielleicht deshalb nur noch an ganz wenigen Stellen wild.

Zu erwähnen sind auch die pflanzlichen Psychopharmaka und Drogen. Als Beispiel sei das Johanniskraut genannt: Neben einigen anderen Wirkungen (antiflogistischer und sedativer Effekt) hellt es bei längerer Anwendung die Stimmungslage auf.

Schon früh hielten fremde Heilpflanzen Einzug in Kloster- und Bauerngärten. «Fast jeder Bauer widmet gewissen Medicinalpflanzen, von denen die Überlieferung oder eigene Erfahrung etwas hält, ein Plätzchen in seinem Garten. Fast in allen findet sich: Matricaria Parthenium (Römische Chamillen), Rosmarinus officinalis (als Emenagogum gemein), Aristolochia Clematidis und Lilium album als Wundmittel, Impatoria Obstruthium, (das Steckenpferd in vielen chronischen Krankheiten), Coriandrum sativum, Ligusticum, Levisticum etc.», hält Johann Rudolf Suter 1822 fest.

| Aristolochia | = Osterluzei |
| Lilium album | = Weisse Lilie |
| Impatoria | = Meisterwurz |
| Coriandrum | = Koriander |
| Ligusticum | = Liebstock oder Mutterwurz |
| Levisticum | = Liebstöckel oder «Maggikraut». |

«Die Pflanzen sind für die Erde und ihre Bewohner von der grössten Wichtigkeit; sie bedingen den Zustand der Luft, die Fruchtbarkeit und Trockenheit des Bodens, ja selbst die Gesundheit von Menschen und Thieren. Überdies liefern sie uns die unentbehrlichsten Stoffe zur Nahrung, Kleidung, zum Bauen und zur Feuerung», ist im «Schulbuch über engere Vaterlandskunde» von J.K. Zellweger 1867 zu lesen.

«Auf diesem Berg (Öhrli) wachsen allerhand Kräuter/Blumen/Nägeli/Wurzen/das man bezeugt bey Sommerzeit ein solcher Geruch zu sein als in einer köstlichen Apothek/sonderbahr wachst daselbst Allermanns-Harnisch/Süsswurz/Engelsüss/und vorderist sehr viel Schnittlauch in grösse und länge einer Ellen/und in der dike eines Manns Finger», stellt Pater Clemens Geiger 1668–1726 fest.

## Mundartnamen

Vom Kurzenberg bis an die toggenburgische Grenze, vom Stadt-
rand St.Gallens zu den letzten innerrhodischen Liegenschaften
am Alpstein wurde und wird eine Sprache gesprochen, die von
Auswärtigen als appenzellisch erkannt wird. Innerhalb des Appenzellerlandes sind deutliche und auch feine Unterschiede fest-
zustellen, besonders in der Betonung.

Das folgende Verzeichnis ist ein Kompromiss:
- Silbenteile und Betonungen sind willkürlich ausgewählt und
  können regional vom aufgeschriebenen Wort abweichen
  (Beeri/Beier, Blättli/Bläckli, Ente/Önte).
- Mundartnamen werden im Extremfall nur innerhalb weniger
  Familien gebraucht (*Marreschlössli*); sie können aber auch
  über die Kantons- oder Landesgrenze hinaus bekannt sein
  (*Chrottepösche, Schlangemoos*). Appenzeller Ausdrücke, die
  im ganzen Gebiet gebräuchlich und in der Nachbarschaft fehlen, sind nicht zahlreich. Alle aufgeführten Namen entstam-
  men Befragungen von 1964 und 1997/98; wenige sind der Literatur entnommen. Während die Befragung anno 1964 vorwiegend bei (älteren) Lehrern erfolgte, stammen die Ant-
  worten von 1997/98 meist von Bauern und Sennen. Einige
  Ausdrücke waren 1964 noch viel verbreiteter als heute.
- Mundartausdrücke gehen rasch verloren. In unserer Zeit ist
  die Kenntnis von Pflanzenarten enorm schmal geworden. Die
  Interessen verlagerten sich, die bunte Wiese ist eintöniger geworden, Musse ist fast zum Fremdwort geworden. Das Verzeichnis wird somit bald ein Museumsstück sein.
- Mundartausdrücke sind gelegentlich vieldeutig. (*Bettsää-
  cherli* wird regional verschiedenen Pflanzen zugeordnet).
- Oft sind Mundartausdrücke für den Botaniker wenig genau
  und beziehen sich auf die örtlich häufigste Art (*Huetblacke*
  für Huflattich, alle Pestwurz- und Alpendost-Arten). Im Verzeichnis sind deshalb oft nur die Gattungsnamen erwähnt.
- Bei uns gebräuchliche Namen können andernorts zu Ver-
  wechslungen führen. So ist beispielsweise das *Stärösli* oder
  *Steirösli* nur im Appenzellischen die Bewimperte Alpenrose,
  in andern Gegenden ist es der Gestreifte Seidelbast.

| | |
|---|---|
| Alte Maa, Altmanne | Fruchtkopf der Alpen-Anemone; auch für Silberwurz |
| | |
| Bachbommele | Sumpf-Dotterblume |
| Bachglöggli | Bach-Nelkenwurz |
| Badäneli | Frühlings-Schlüsselblume |
| Badenechtli | Frühlings-Schlüsselblume |
| Bachrolle | Trollblume |
| Balleblacke | Breit-Wegerich |
| Bäretatze | Bärenklau |
| Becher-Enzian | Stängelloser Enzian (beide Arten) |
| Beestock | Blaugrüne Binse |
| Bergilge, -ülgene | Feuer-Lilie |
| Bettsäächerli | Wiesen-Schaumkraut, Busch-Windröschen u.a. |
| Bilche | Birke |
| Blotze, Blotsge | Alpen-Kreuzkraut |
| Bluetworzle | Gemeiner Tormentill (Blutwurz) |
| Bodechrüücher | Berg-Bärlapp |
| Bölcheli | Birke |
| Bommtropfe (Baumtropf) | Geissfuss |
| Borst | Borstgras |
| Brubeier | Brombeere |
| Bueberolle, Bergrolle | Trollblume |
| Buebezocker | Rot-Klee |
| Buggele | Wiesen-Kerbel |
| Buschenziaa | Schwalbenwurz-Enzian |
| | |
| Chäsblueme | Gänseblümchen, Margerite, Wald-Storchschnabel |
| Chäsdischtle | Silberdistel |
| Chäslichrut | Kleine Malve (Käse-Kraut) |
| Chatzenäugli | Ehrenpreis |
| Chatzeschwanz | Schachtelhalm |
| Chatzetööpli | Gemeines Katzenpfötchen |
| Chellerschlössli | Buchsblättrige Kreuzblume |
| Chemifegerli | Frühlings-Segge |
| Chetteleblueme | Löwenzahn |
| Chilbe- Chalbe- Chernechrut | Ährige Rapunzel, auch für Wegerich |

| | |
|---|---|
| Chlaffe | Klappertopf |
| Chlepfere | Löwenzahn |
| Chrampfchrut | Bärlapp |
| Chrottebeier (-beeri) | Geissblatt |
| Chrotteblueme | Sumpf-Dotterblume |
| Chrottechresse | Bachbungen-Ehrenpreis und andere |
| Chrottenäugli | Mehl-Primel |
| Chrottepösch | Löwenzahn |
| Chrottetach | Blätter von Huflattich und Pestwurz |
| Chuemönz | Ross-Minze |
| Chueschelle | Bach-Nelkenwurz |
| Chueschüeli | Fliegen-Orchis |
| Dörndli | Kriechender Günsel |
| Dornessle | Hohlzahn |

| | |
|---|---|
| Eierblueme | Sumpf-Dotterblume |
| Eisch | Esche |
| Emdstengel | Wiesen-Bärenklau |
| Entebeeri, Öntebeier | Himbeere |
| Epfelblüemli | Mutterkraut |
| Essig-Blueme | Schlangen-Knöterich |

| | |
|---|---|
| Fleischblüemli | Rote Waldnelke |
| Flohsome | Breit-Wegerich |
| Fochsbeeri (-beier) | Preiselbeere |
| Födleheu | Spitzgras, Einjähriges Rispengras |
| Fore | Föhre |

| | |
|---|---|
| Gässeglöggli | Busch-Windröschen |
| Gässläätere | Weidenröschen |
| Gässzötteli | Flockenblume |
| Germäder, Gemedere | Weisser Germer |
| Goldblüemli | Gelbe Hahnenfussarten und Fingerkräuter |
| Gotterebotzer | Schlangen-Knöterich |
| Guggerblueme | Buchsblättrige Kreuzblume |
| Guggerchäs (-ondbrot), -chlee | Sauerklee |

| | |
|---|---|
| Häädebock | Wiesen-Bocksbart, Habermark |
| Häädere | Einköpfiges Ferkelkraut |
| Häälbläckli | Fettblatt |
| Habermarchle | Wiesen-Bocksbart, Habermark |
| Haber, wilde | Weiche Trespe |
| Hartheu | Johanniskraut |
| Haselbeer, Häslibeier | Heidelbeere |
| Hennedarm | Vogelmiere, Hühnerdarm |
| Hennenäugli | Mehl-Primel |
| Heublueme | Grassamen |
| Heudiebe, Heuschelme | Breit-Wegerich |
| Heustängel | Wiesen-Kerbel |
| Himmelbläueli, -blüemli | Frühlings-Enzian |
| Himmelsschlösseli | Wald-Schlüsselblume |
| Hondshode | Herbst-Zeitlose |
| Hondszunge | Löwenzahn |
| Hosechnöpf | Rote Waldnelke |
| Hungsügel | Rot-Klee |
| Husroose | Dach-Hauswurz |
| | |
| Ibeli, Ibrig | Wiesen-Bärenklau |
| Iibe, Iibetanne | Eibe |
| Isechrut | Wald-Storchschnabel, auch Bärenklau |
| | |
| Kafibeckeli (AR) | Bach-Nelkenwurz |
| Kaiserchrone | Türkenbund |
| Kanonebotzer | Rohrkolben |
| Kapuzinerli (AI) | Bach-Nelkenwurz |
| Kapuzinerstrick | Kohldistel |
| Kemi | Kümmel |
| Knollblueme | Berg-Flockenblume |
| | |
| Landsgmändsblüemli | Wiesen-Schaumkraut |
| Lehmblüemli | Huflattich |
| Liischtechrut | Hauhechel |
| Lortanne | Lärche |

| | |
|---|---|
| Luusampfere | Sauer-Ampfer |
| | |
| Maatlezocker | Weiss-Klee |
| Madäneli | Wald-Schlüsselblume |
| Maieblume | Löwenzahn |
| Marreschlössli (nur in Bühler) | Buchsblättrige Kreuzblume |
| Märzesterne, Meeze-Steene | Osterglocke |
| Mehlbeier | Weissdorn |
| Monetsblüemli | Gänseblümchen |
| Muettergotteschrut | Tausendguldenkraut |
| Mumeli | Gänseblümchen |
| | |
| Oschtereblueme | Sumpf-Dotterblume |
| | |
| Reckholder | Wacholder |
| Rohmblüemli | Arnika |
| Rossampfere | Stumpfblättriger Ampfer |
| Rossnägeli | Kuckucks-Nelke |
| Rossrippe | Spitz-Wegerich |
| | |
| Schellechrut | Schöllkraut |
| Schlangemoos, -chrut | Berg-Bärlapp |
| Schlipfblüemli | Huflattich |
| Schliessgräs | Quecke |
| Schlössli | Hufeisen- und Hornklee |
| Schlotterhose | Rote Waldnelke |
| Schmalzblacke | Ampfern |
| Schmalzblueme | Löwenzahn |
| Schwigerli-Schwägerli | Stiefmütterchen |
| Schwindelbeier | Moorbeere |
| Sefi | Heidekraut, Erika |
| Soldate | Kohldistel |
| Sonnwendlig | Löwenzahn |
| Spetzbeier | Sauerdorn = Berberitze |
| Spetzblacke | Stumpfblättriger Ampfer |
| Spiisechrut | Hasenlattich |
| Steirösli, Steroose | Bewimperte Alpenrose |

| | |
|---|---|
| Stüübe | Fruchtstand des Löwenzahns |
| Suküechli | Löwenzahn |
| Süügeli, Sügel | Rot-Klee |
| | |
| Täghüfeli | Hagebutten (Rosen-Früchte) |
| Teeblüemli | Huflattich |
| Tinteblüemli | Frühlings-Enzian |
| Trubetechnöpfli | Schlüsselblume |
| Tuubeschelleli | Schlüsselblume |
| | |
| Überech | Bärenklau |
| | |
| Viööli, Veieli | Veilchen |
| Vögelibrot | Zittergras |
| Vogelneschtli | Möhre |
| | |
| Wägelisome, -chrut | Breit-Wegerich |
| Wäntelegras, Wentele | Zittergras |
| Warzechrut | Schöllkraut |
| Wolfswööze | Blauer Eisenhut |
| | |
| Zahbörschteli | Schlangen-Knöterich |
| Zinnchrut | Schachtelhalm, Zinnkraut |
| Zitlose, Zitterlose | Schlüsselblume |
| Zwaslistuude | Espe, Zitterpappel |

## Bedeutende Kenner der Appenzellerflora

Das Appenzellerland samt dem Alpstein ist von namhaften Bo-
tanikern, Ärzten, Apothekern, Pfarrherren, Lehrern und anderen
besucht worden, die viel zur Kenntnis der Flora beigetragen haben. Sie sind in H. Seitters «Flora der Kantone St.Gallen und beider Appenzell» gewürdigt und werden hier in der Reihenfolge
ihres Geburtsjahres genannt:

| | |
|---|---|
| 1774 | C. T. Zollikofer, Dr. med., St.Gallen |
| 1778 | D. Meier, Apotheker, St.Gallen |
| 1789 | J. G. Custer, Dr. med., Rheineck |
| 1816 | G. K. Zollikofer, Pfarrer, Marbach |
| 1830 | B. Wartmann, Kantonsschullehrer und Konservator, St.Gallen |
| 1866 | H. Schmid, Sekundarlehrer, St.Gallen |
| 1896 | W. Koch, Dr. phil., Zürich |
| 1898 | E. Sulger Büel, Dr. med., Zürich |
| 1902 | H. Seitter, Bahnbeamter, St.Gallen (gewürdigt von G. Nägeli) |
| 1913 | H. Oberli, Bezirksförster, Wattwil |

Nicht speziell erwähnt ist im Buch von Seitter Emil Bächler, der
Wildkirchliforscher und sehr breit interessierte Naturwissen-
schafter. Seine botanischen Notizen und Aufsätze liest man heute noch gerne (siehe Kapitel Alpweiden und Alpenrasen, Seite
80). Aus dem 20. Jahrhundert sind zwei eifrige und kompetente
Botaniker nachzutragen: Willi Schatz, 1913, Bahnbeamter in
St.Gallen, und Robert Göldi, 1920, geboren und aufgewachsen
in Gais, ehemaliger Leiter des Botanischen Gartens St.Gallen und
heute in Saas GR wohnhaft. Beide kennen das Appenzellerland
gut, haben viele Neufunde gemeldet und anlässlich von Exkur-
sionen und Vorträgen wertvolle Kenntnisse weitergegeben; sie
sind publizistisch kaum tätig geworden.

Von den zeitweise oder stets im Appenzellerland wohnhaft ge-
wesenen Beobachtern sind in Seitters Flora genannt:

- Carl Friedrich Froelich, 1802–1888, aus Crailsheim, Apotheker
  in Teufen und Reute (siehe Seite 178)
- Johann Georg Schläpfer, 1797–1835, Dr. med. in Trogen
- Johann Conrad Rehsteiner, 1797–1858, Pfarrer in Schönengrund und Teufen
- Albert Koller, 1894–1957, in Gais aufgewachsen und später Di-
  rektor des Eidgenössischen Statistischen Amtes.

Erwähnenswert sind zudem vier Gymnasiallehrer aus Trogen und Appenzell, die eifrig botanisiert haben:

- Stefan Wanner, von 1865 bis 1877 in Trogen, später in Zürich
- Jakob Früh, von 1877 bis 1890 in Trogen und später Professor für Geografie an der Eidgenössischen Technischen Hochschule Zürich. In seinem mit C. Schröter herausgegebenen Werk «Die Moore der Schweiz» sind viele Beispiele aus dem Appenzellerland dargestellt.
- August Heyer, von 1890 bis 1900 in Trogen. Seine «Floristischen Notizen» (1906 und 1930) waren wertvolle Quellen für Seitters Flora.
- P. Eduard Regli, von 1932 bis 1961 in Appenzell. «Er hatte das Land bis in den letzten Winkel durchwandert und kannte den Alpstein bis auf den steilsten Grat.»

## Carl Friedrich Froelich

| | |
|---|---|
| **29. Jan. 1802** | Geburt in Crailsheim (Württemberg), Ausbildung zum Apotheker in Nagold, Tübingen und Stuttgart, daneben Besuch von Zeichen- und Malkursen |
| **20er Jahre** | in St.Gallen, Winterthur und Heiden. Zusammenarbeit mit Dr. med. J. G. Schläpfer in Trogen |
| **1825** | Besteigung des Altmanns |
| **1834** | Heirat mit der Witwe des Teufner Apothekers Zellweger. Kauf des Bürgerrechtes von Reute AR |
| **1845** | Tod von Frau Froelich-Zellweger. Die Ehe blieb kinderlos |
| **1846** | Heirat mit Ernestine Custer aus Rheineck. Fünf Kinder, der einzige Sohn stirbt mit 23 Jahren |
| **um 1850** | Schaffung des botanischen Gartens auf der «Froelichsegg» |
| **1850** | Herausgabe der «Botanischen Spaziergänge im Kanton Appenzell» |
| **1852–1857 (?)** | Auslieferung einiger Blätter «Alpen-Pflanzen der Schweiz» |
| **ca. 1877** | Übersiedlung nach Reute AR |
| **1881** | Herbstwanderung Wildhaus–«Kaiserruck»–«Wallenstadt» |
| **22. Jan. 1882** | schliesst Froelich «friedlich die müden Augen» |

*Auf Bergen und auf Triften in Wäldern und in Klüften find ich der Pflanzen Spur. In mancherlei Gestalten verherrlicht Gottes Walten die Grösse der Natur. CFF*

Im Naturmuseum St.Gallen und in den Kantonsbibliotheken Vadiana und Trogen liegen vom Verfasser dieses Buches eine kurze Lebensbeschreibung und ein Verzeichnis der von Froelich gezeichneten und gemalten Aquarelle auf.

# Liste aller vorkommender Pflanzen

### Erläuterungen

Die Liste umfasst alle Pflanzen, die in der 1960 begonnenen Kartei des Verfassers enthalten sind. Neben den eigenen Funden sind Entdeckungen und Beobachtungen anderer berücksichtigt, so weit sie glaubhaft sind oder überprüft werden konnten. Viele Daten stammen aus der Literatur, besonders aus der «Flora der Kantone St.Gallen und beider Appenzell» von Heinrich Seitter.

Die Reihenfolge der Familien, Gattungen und Arten entspricht jener der «Flora Helvetica» von K. Lauber und G. Wagner. Dem gleichen Werk ist die Art-Nummer hinter der wissenschaftlichen Bezeichnung entnommen.

Synonyme werden zugunsten der Übersichtlichkeit selten erwähnt. Sie sind in der «Flora Helvetica» unschwer zu finden.

Klein- und Unterarten (Subspecies), sind *kursiv* aufgeführt. Den Unterarten ist das Kürzel «ssp.» vorangestellt. Die Unterscheidung von Klein- und Unterarten ist unklar und umstritten. Die Liste folgt auch in dieser Beziehung der «Flora Helvetica».

Standorte einzelner Arten sind in der letzten Kolonne nur ausnahmsweise genannt. «Alpstein» bedeutet, dass die Pflanze nur im Alpstein vorkommt, mit dem Zusatz «alpin» ausschliesslich über der Waldgrenze. «Sehr selten» bedeutet, dass bloss ein oder zwei Standorte bekannt sind; «selten» sind Arten mit wenigen, aber mehr als zwei Fundstellen. Ausgestorbene Pflanzen und Neubürger sind in der Liste aufgeführt und als solche vermerkt.

Die Flora ist dynamisch: Einzelne Pflanzen verschwinden, andere treten neu oder wieder auf. Eine Florenliste für das ganze Gebiet der beiden Halbkantone wird nie absolut richtig sein. Meldungen zu Fehlern oder Ergänzungen nimmt der Verfasser gerne entgegen.

## FAMILIE BÄRLAPPGEWÄCHSE (Lycopodiaceae)

| | | | | |
|---|---|---|---|---|
| Tannenbärlapp | Huperzia | selago | 1 | |
| Keulen-Bärlapp | Lycopodium | clavatum | 2 | |
| Gewöhnlicher Berg-Bärlapp | – | annotinum | 3 | |
| Stechender Berg-Bärlapp | – | dubium | 4 | sehr selten |
| Alpen-Flachbärlapp | Diphasiastrum | alpinum | 5 | sehr selten |
| Gemeiner Flachbärlapp | – | complanatum | 7 | ausgestorben |
| Moorbärlapp | Lycopodiella | inundata | 9 | selten |

## FAMILIE MOOSFARNGEWÄCHSE (Selaginellaceae)

| | | | | |
|---|---|---|---|---|
| Dorniger Moosfarn | Selaginella | selaginoides | 10 | |
| Schweizer Moosfarn | – | helvetica | 11 | sehr selten |

## FAMILIE SCHACHTELHALMGEWÄCHSE (Eqiusetaceae)

| | | | | |
|---|---|---|---|---|
| Acker-Schachtelhalm | Equisetum | arvense | 13 | |
| Riesen-Schachtelhalm | – | telmateia | 14 | |
| Wald-Schachtelhalm | – | sylvaticum | 15 | |
| Ästiger Schachtelhalm | – | ramosissimum | 17 | ausgestorben |
| Bunter Schachtelhalm | – | variegatum | 18 | |
| Überwinternder Schachtelhalm | – | hyemale | 19 | |
| Sumpf-Schachtelhalm | – | palustre | 21 | |
| Schlamm-Schachtelhalm | – | fluviatile | 22 | |

## FAMILIE NATTERZUNGENGEWÄCHSE (Ophioglossaceae)

| | | | | |
|---|---|---|---|---|
| Gemeine Mondraute | Botrychium | lunaria | 23 | |
| Natterzunge | Ophioglossum | vulgatum | 29 | ausgestorben |

## FAMILIE LAPPENFARNGEWÄCHSE (Thelypteridaceae)

| | | | | |
|---|---|---|---|---|
| Buchenfarn | Phegopteris | connectilis | 36 | |
| Bergfarn | Oreopteris | limbosperma | 37 | |
| Sumpffarn | Thelypteris | palustris | 38 | ausgestorben |

## FAMILIE WURMFARNGEWÄCHSE (Aspidiaceae)

| | | | | |
|---|---|---|---|---|
| Eichenfarn | Gymnocarpium | dryopteris | 39 | |
| Ruprechtsfarn | – | robertianum | 40 | |
| Schuppiger Wurmfarn | Dryopteris | affinis | 42 | |
| Gemeiner Wurmfarn | – | filix-mas | 43 | |
| Villars Wurmfarn | – | villarii | 44 | im Alpstein |

| Breiter Wurmfarn | Dryopteris | dilatata | 45 | |
|---|---|---|---|---|
| Dorniger Wurmfarn | – | carthusiana | 47 | |
| Entferntfiedriger Wurmfarn | – | remota | 48 | selten |
| Lanzenfarn | Polystichum | lonchitis | 49 | |
| Gelappter Schildfarn | – | aculeatum | 51 | |

## FAMILIE ADLERFARNGEWÄCHSE (Dennstaedtiaceae)

| Adlerfarn | Pteridium | aquilinum | 53 | |
|---|---|---|---|---|

## FAMILIE FRAUENFARNGEWÄCHSE (Athyriaceae)

| Gemeiner Waldfarn | Athyrium | filix-femina | 55 | |
|---|---|---|---|---|
| Alpen-Waldfarn | – | distentifolium | 56 | |
| Berg-Blasenfarn | Cystopteris | montana | 57 | |
| Gemeiner Blasenfarn | – | fragilis | 58 | |
| Alpen-Blasenfarn | – | alpina | 59 | selten |
| Kahler Wimperfarn | Woodsia | pulchella | 60 | sehr selten im Alpstein |

## FAMILIE STREIFENFARNGEWÄCHSE (Aspleniaceae)

| Grünstieliger Streifenfarn | Asplenium | viride | 63 | |
|---|---|---|---|---|
| Braunstieliger Streifenfarn | – | trichomanes | 65 | |
| Schwarzstieliger Streifenfarn | – | adiantum-nigrum | 70 | selten, im Vorderland |
| Mauerraute | – | ruta-muraria | 75 | |
| Hirschzunge | Phyllitis | scolopendrium | 77 | |

## FAMILIE TÜPFELFARNGEWÄCHSE (Polypodiaceae)

| Gem. Tüpfelfarn, Engelsüss | Polypodium | vulgare | 78 | |
|---|---|---|---|---|

## FAMILIE RIPPENFARNGEWÄCHSE (Blechnaceae)

| Rippenfarn | Blechnum | spicant | 81 | |
|---|---|---|---|---|

## FAMILIE EIBENGEWÄCHSE (Taxaceae)

| Eibe | Taxus | baccata | 85 | |
|---|---|---|---|---|

## FAMILIE FÖHRENGEWÄCHSE (Pinaceae)

| Tanne, Weisstanne | Abies | alba | 86 | |
|---|---|---|---|---|
| Douglasfichte, Douglasie | Pseudotsuga | menziesii | 87 | adventiv |
| Fichte, Rottanne | Picea | abies | 88 | |
| Lärche | Larix | decidua | 89 | |

| Wald-Föhre | Pinus | sylvestris | 91 | |
|---|---|---|---|---|
| Berg-Föhre | – | mugo | | |
| *Aufrechte Berg-Föhre* | – | *ssp. uncinata* | *93* | *selten* |
| *Leg-Föhre* | – | *ssp. mugo* | *94* | *im Alpstein* |

## FAMILIE ZYPRESSENGEWÄCHSE (Cupressaceae)

| Wacholder | Juniperus | communis | | |
|---|---|---|---|---|
| *Gemeiner Wacholder* | – | *ssp. communis* | *97* | |
| *Zwerg-Wacholder* | – | *ssp. nana* | *98* | *im Alpstein* |
| Sefistrauch | – | sabina | 99 | ausgestorben ? |

## FAMILIE OSTERLUZEIGEWÄCHSE (Aristolochiaceae)

| Haselwurz | Asarum | europaeum | 106 | |
|---|---|---|---|---|

## FAMILIE HAHNENFUSSGEWÄCHSE (Ranunculaceae)

| Sumpf-Dotterblume | Caltha | palustris | 115 | |
|---|---|---|---|---|
| Trollblume | Trollius | europaeus | 116 | |
| Grüne Nieswurz | Helleborus | viridis | 118 | sehr selten |
| Dunkle Akelei | Aquilegia | atrata | 125 | |
| Christophskraut | Actaea | spicata | 129 | |
| Hoher Rittersporn | Delphinium | elatum | 130 | sehr selten im Alpstein |
| Gelber Eisenhut | Aconitum | vulparia | | |
| *Wolfs-Eisenhut* | – | *altissimum* | *133* | |
| *Platanenblättriger Eisenhut* | – | *x platanifolium* | *134* | *im Alpstein, sehr selten* |
| Blauer Eisenhut | – | napellus | | |
| *Dichtblütiger Eisenhut* | – | *compactum* | *138* | *im Alpstein* |
| *Pyramiden Eisenhut* | – | *neomontanum* | *139* | |
| *Rispiger Eisenhut* | – | *variegatum ssp. panic.* | *143* | *im Alpstein* |
| Gemeine Waldrebe, Niele | Clematis | vitalba | 146 | |
| Leberblümchen | Hepatica | nobilis | 149 | sehr selten |
| Gelbes Windröschen | Anemone | ranunculoides | 150 | sehr selten |
| Narzissenblütige Anemone | – | narcissiflora | 151 | im Alpstein |
| Busch-Windröschen | – | nemorosa | 152 | |
| Weisse Alpen-Anemone | Pulsatilla | alpina ssp. alpina | 155 | im Alpstein |
| Frühlings-, Pelz-Anemone | – | vernalis | 157 | selten im Alpstein, alpin |
| Starrer Wasserhahnenfuss | Ranunculus | circinatus | 162 | sehr selten |
| Gemeiner Wasserhahnenfuss | – | aquatilis | 164 | ausgestorben |
| Haarblättriger Wasserhahnenfuss | – | trichophyllus | | |

| | | | | |
|---|---|---|---|---|
| *Haarblättriger W'hahnenfuss* | Ranunculus | *ssp. trichophyllus* | *165* | *selten* |
| *Brunnen-Wasserhahnenfuss* | – | *ssp. eradicatus* | *166* | *ausgestorben* |
| **Eisenhutblättriger Hahnenfuss** | – | aconitifolius | 169 | |
| **Platanenblättriger Hahnenfuss** | – | platanifolius | 170 | Verbreitung unsicher |
| **Alpen-Hahnenfuss** | – | alpestris | 174 | im Alpstein |
| **Scharbockskraut** | – | ficaria | 176 | |
| **Kleiner Sumpf-Hahnenfuss** | – | flammula | 179 | |
| **Scharfer Hahnenfuss** | – | acris | | |
| *Scharfer Hahnenfuss* | – | *ssp. acris* | *187* | |
| *Fries' Hahnenfuss* | – | *ssp. friesianus* | *188* | |
| **Berg-Hahnenfuss** | – | montanus | | |
| **Gebirgs-Hahnenfuss** | – | breyninus | 189 | Verbreitung unsicher |
| **Berg-Hahnenfuss** | – | montanus | 190 | |
| **Rain-Hahnenfuss** | – | nemorosus | | |
| **Hain-Hahnenfuss** | – | *tuberosus* | *194* | |
| **Wurzelnder Hahnenfuss** | – | *serpens* | *195* | |
| **Kriechender Hahnenfuss** | – | repens | 196 | |
| **Wolliger Hahnenfuss** | – | lanuginosus | 197 | |
| **Knolliger Hahnenfuss** | – | bulbosus | 198 | |
| **Akeleiblättrige Wiesenraute** | Thalictrum | aquilegiifolium | 200 | |
| **Kleine Wiesenraute** | – | minus | | |
| *Kleine Wiesenraute* | – | *ssp. minus* | *203* | *ausgestorben* |
| *Felsen-Wiesenraute* | – | *ssp. saxatile* | *204* | *ausgestorben* |

## FAMILIE SAUERDORNGEWÄCHSE (Berberidaceae)

| | | | | |
|---|---|---|---|---|
| **Berberitze, Sauerdorn** | Berberis | vulgaris | 213 | |

## FAMILIE MOHNGEWÄCHSE (Papaveraceae)

| | | | | |
|---|---|---|---|---|
| **Schöllkraut** | Chelidonium | majus | 218 | |
| **Klatsch-Mohn** | Papaver | rhoéas | 226 | hie und da adventiv |

## FAMILIE ERDRAUCHGEWÄCHSE (Fumariaceae)

| | | | | |
|---|---|---|---|---|
| **Hohlknolliger Lerchensporn** | Corydalis | cava | 232 | |
| **Mittlerer Lerchensporn** | – | intermedia | 235 | im Alpstein |
| **Erdrauch** | Fumaria | officinalis | 237 | |

## FAMILIE BUCHENGEWÄCHSE (Fagaceae)

| | | | | |
|---|---|---|---|---|
| **Rot-Buche** | Fagus | sylvatica | 245 | |

| | | | | |
|---|---|---|---|---|
| Stiel-Eiche | Quercus | robur | 249 | |
| Trauben-Eiche | – | petraéa | 250 | selten |
| Hänge-Birke, Weiss-Birke | Betula | pendula | 253 | |
| Moor-Birke | – | pubescens | 254 | |
| Zwerg-Birke | – | nana | 256 | sehr selten |
| Schwarz-Erle | Alnus | glutinosa | 257 | |
| Grau-Erle | – | incana | 258 | |
| Grün-Erle, Alpen-Erle | – | viridis | 259 | |

### FAMILIE HASELGEWÄCHSE (Corylaceae)

| | | | | |
|---|---|---|---|---|
| Haselstrauch | Corylus | avellana | 260 | |
| Hagebuche | Carpinus | betulus | 261 | |

### FAMILIE HANFGEWÄCHSE (Cannabaceae)

| | | | | |
|---|---|---|---|---|
| Hopfen | Humulus | lupulus | 263 | selten |

### FAMILIE ULMENGEWÄCHSE (Ulmaceae)

| | | | | |
|---|---|---|---|---|
| Berg-Ulme | Ulmus | glabra | 269 | |

### FAMILIE BRENNNESSELGEWÄCHSE (Urticaceae)

| | | | | |
|---|---|---|---|---|
| Grosse Brennnessel | Urtica | dioica | 273 | |
| Kleine Brennnessel | – | urens | 274 | selten |

### FAMILIE GÄNSEFUSSGEWÄCHSE (Chenopodiaceae)

| | | | | |
|---|---|---|---|---|
| Guter Heinrich | Chenopodium | bonus-henricus | 293 | |
| Vielsamiger Gänsefuss | – | polyspermum | 298 | |
| Feigenblättriger Gänsefuss | – | ficifolium | 300 | unsicher |
| Weisser Gänsefuss | – | album | 301 | |
| Graugrüner Gänsefuss | – | glaucum | 305 | |
| Gewöhnliche Melde | Atriplex | patula | 309 | |

### FAMILIE NELKENGEWÄCHSE (Caryophyllaceae)

| | | | | |
|---|---|---|---|---|
| Acker-Spark | Spergula | arvensis | 315 | ausgestorben |
| Einjähriger Knäuel | Scleranthus | annuus | 321 | ausg., selten adventiv |
| Zwerg-Miere | Minuartia | sedoides | 327 | im Alpstein |
| Frühlings-Miere | – | verna | 335 | im Alpstein |

| | | | | |
|---|---|---|---|---|
| Niederliegendes Mastkraut | Sagina | procumbens | 338 | |
| Alpen-Mastkraut | – | saginoides | 343 | |
| Quendelblättriges Sandkraut | Arenaria | serpyllifolia | 345 | |
| Vielstängeliges Sandkraut | – | multicaulis / ciliata | 350 | im Alpstein |
| Moos-Nabelmiere | Moehringia | muscosa | 354 | selten |
| Bewimperte Nabelmiere | – | ciliata | 355 | im Alpstein |
| Dreinervige Nabelmiere | – | trinervia | 356 | |
| Hain-Sternmiere | Stellaria | nemorum | 359 | |
| Vogelmiere, Hühnerdarm | – | media | 361 | |
| Grossblumige Sternmiere | – | holostea | 364 | sehr selten |
| Moor-Sternmiere | – | alsine | 365 | |
| Gras-Sternmiere | – | graminea | 367 | |
| Wassermiere | Myosoton | aquaticum | 369 | selten |
| Alpen-Hornkraut | Cerastium | alpinum | 371 | im Alpstein, alpin |
| Dreigriffliges Hornkraut | – | cerastoides | 377 | im Alpstein, alpin |
| Breitblättriges Hornkraut | – | latifolium | 380 | im Alpstein, alpin |
| Knäuel-Hornkraut | – | glomeratum | 384 | |
| Gewöhnliches Hornkraut | – | fontanum | 385 | |
| Acker-Hornkraut | – | arvense | | |
| *Acker-Hornkraut* | – | *ssp. arvense* | *389* | *sehr selten* |
| *Aufrechtes Hornkraut* | – | *ssp. strictum* | *390A* | *im Alpstein* |
| Kriechendes Gipskraut | Gypsophila | repens | 393 | |
| Gebräuchliches Seifenkraut | Saponaria | officinalis | 399 | sehr selten |
| Pracht-Nelke | Dianthus | superbus | 401 | im Alpstein |
| Stein-Nelke | – | sylvestris | 409 | im Alpstein |
| Grenobler Nelke | – | gratianopolitanus | 412 | ausgestorben |
| Kornrade | Agrostemma | githago | 413 | ausgestorben |
| Rote Waldnelke | Silene | dioica | 414 | |
| Ackernelke | – | noctiflora | 416 | ausg., selten adventiv |
| Gemeines Leimkraut | – | vulgaris | | |
| *Gemeines Leimkraut* | – | *ssp. vulgaris* | *419* | |
| *Alpen-Leimkraut* | – | *ssp. glareosa* | *420* | *im Alpstein* |
| Französisches Leimkraut | – | gallica | 421 | ausgestorben |
| Nickendes Leimkraut | – | nutans | 423 | |
| Kalk-Polsternelke | – | acaulis | 425 | im Alpstein |
| Felsen-Leimkraut | – | rupestris | 430 | ausgestorben |
| Strahlensame | – | pusilla | 431 | |

| Kuckucks-Lichtnelke | Silene | flos-cuculi | 432 | |
|---|---|---|---|---|

## FAMILIE AMARANTGEWÄCHSE (Amaranthaceae)

| Zurückgekrümmter Amarant | Amaranthus | retroflexus | 441 | selten adventiv |
|---|---|---|---|---|

## FAMILIE KNÖTERICHGEWÄCHSE (Polygonaceae)

| Säuerling | Oxyria | digyna | 447 | im Alpstein, alpin |
|---|---|---|---|---|
| Vogel-Knöterich | Polygonum | aviculare | 448 | |
| Schlangen-Knöterich | – | bistorta | 452 | |
| Pfirsichblättriger Knöterich | – | persicaria | 453 | |
| Sumpf-Knöterich | | amphibium | 454 | ausgestorben |
| Ampferblättriger Knöterich | – | lapathifolium | 456 | |
| Wasserpfeffer-Knöterich | – | hydropiper | 457 | |
| Milder Knöterich | – | mite | 458 | unsicher |
| Knöllchen-Knöterich | – | viviparum | 460 | |
| Windenknöterich | Fallopia | convolvulus | 461 | |
| Japanischer Staudenknöterich | Reynoutria | japonica | 464 | |
| Wiesen-Sauerampfer | Rumex | acetosa | 465 | |
| Berg-Sauerampfer | – | alpestris | 466 | im Alpstein (bis Gäbris) |
| Rispen-Sauerampfer | – | thyrsiflorus | 467 | neu, selten |
| Schnee-Ampfer | – | nivalis | 468 | im Alpstein, alpin |
| Kleiner Sauerampfer | – | acetosella | 469 | |
| Schildblättriger Ampfer | – | scutatus | 472 | im Alpstein |
| Stumpfblättriger Ampfer | – | obtusifolius | 473 | |
| Knäuelblütiger Ampfer | – | conglomeratus | 477 | sehr selten |
| Alpen-Ampfer, Blacke | – | alpinus | 481 | |
| Krauser Ampfer | – | crispus | 483 | selten |

## FAMILIE JOHANNISKRAUTGEWÄCHSE (Hypericaceae)

| Niederliegendes Johanniskraut | Hypericum | humifusum | 493 | sehr selten |
|---|---|---|---|---|
| Behaartes Johanniskraut | – | hirsutum | 494 | |
| Gemeines Johanniskraut | – | perforatum | 497 | |
| Vierflügeliges Johanniskraut | – | tetrapterum | 498 | |
| Des Etangs' Johanniskraut | – | x desetangsii | 499 | sehr selten |
| Berg-Johanniskraut | – | montanum | 500 | |
| Geflecktes Johanniskraut | – | maculatum | | |
| *Geflecktes Johanniskraut* | *–* | *ssp. maculatum* | *501* | |
| *Stumpfes Johanniskraut* | *–* | *ssp. obtusiusculum* | *502* | |

## FAMILIE LINDENGEWÄCHSE (Tiliaceae)

| | | | | |
|---|---|---|---|---|
| Sommer-Linde | Tilia | platyphyllos | 506 | |
| Winter-Linde | – | cordata | 508 | |

## FAMILIE MALVENGWÄCHSE (Malvaceae)

| | | | | |
|---|---|---|---|---|
| Bisam-Malve | Malva | moschata | 512 | |
| Kleine Malve, Käslikraut | – | neglecta | 513 | |
| Wilde Malve | – | sylvestris | 514 | |

## FAMILIE SONNENTAUGEWÄCHSE (Droseraceae)

| | | | | |
|---|---|---|---|---|
| Rundblättriger Sonnentau | Drosera | rotundifolia | 517 | |
| Langblättriger Sonnentau | – | longifolia | 518 | selten |

## FAMILIE ZISTROSENGEWÄCHSE (Cistaceae)

| | | | | |
|---|---|---|---|---|
| Gemeines Sonnenröschen | Helianthemum | nummularium | | |
| *Ovalblättriges  Sonnenröschen* | – | *ssp. obscurum* | *525* | |
| *Grossblütiges Sonnenröschen* | – | *ssp. grandiflorum* | *526* | |
| *Gemeines Sonnenröschen* | – | *ssp. nummularium* | *527* | |
| Alpen-Sonnenröschen | – | alpestre | 531 | im Alpstein |

## FAMILIE VEILCHENGEWÄCHSE (Violaceae)

| | | | | |
|---|---|---|---|---|
| Sumpf-Veilchen | Viola | palustris | 536 | |
| Wohlriechendes Veilchen | – | odorata | 537 | selten |
| Weisses Veilchen | – | alba | 539 | selten |
| Pyrenäen-Veilchen | – | pyrenaica | 542 | im Alpstein |
| Rauhhaariges Veilchen | – | hirta | 543 | |
| Hügel-Veilchen | – | collina | 544 | sehr selten |
| Wald-Veilchen | – | reichenbachiana | 547 | |
| Rivinus' Veilchen | – | riviniana | 548 | |
| Hunds-Veilchen | – | canina | | |
| *Hunds-Veilchen, Heide-Veilchen* | – | *ssp. canina* | *551* | |
| *Berg-Veilchen* | – | *ssp. montana* | *552* | *ausgestorben* |
| Wunder-Veilchen | – | mirabilis | 553 | sehr selten |
| Gelbes Berg-Veilchen | – | biflora | 554 | |
| Langsporniges Stiefmütterchen | – | calcarata | 555 | im Alpstein, alpin |
| Feld-Stiefmütterchen | – | tricolor | | |
| *Echtes Stiefmütterchen* | – | *tricolor* | *557* | |
| *Acker-Stiefmütterchen* | – | *arvensis* | *558* | |

## FAMILIE WEIDENGEWÄCHSE (Salicaceae)

| | | | | |
|---|---|---|---|---|
| Kraut-Weide | Salix | herbacea | 567 | im Alpstein, alpin |
| Netz-Weide | – | reticulata | 568 | im Alpstein |
| Stumpfblättrige Weide | – | retusa | 569 | |
| Quendelblättrige Weide | – | serpyllifolia | 570 | im Alpstein, alpin |
| Moor-Weide | – | repens | 571 | |
| Heidelbeerblättrige Weide | – | myrtilloides | 574 | ausgestorben |
| Silber-Weide | – | alba | 577 | |
| Lavendel-Weide | – | elaeagnos | 579 | |
| Korb-Weide | – | viminalis | 580 | selten, angepflanzt |
| Spiessblättrige Weide | – | hastata | 583 | im Alpstein |
| Purpur-Weide | – | purpurea | 585 | selten |
| Waldsteins Weide | – | waldsteiniana | 592 | im Alpstein |
| Schwarzwerdende Weide | – | myrsinifolia | 593 | |
| Sal-Weide | – | caprea | 597 | |
| Graue Weide | – | cinerea | 598 | |
| Nebenblättrige Weide | – | appendiculata | 599 | |
| Ohr-Weide | – | aurita | 600 | |
| Zitter-Pappel, Espe | Populus | tremula | 601 | |
| Schwarzpappel | – | nigra | 603 | ausgestorben |

## FAMILIE KREUZBLÜTLER (Brassicaceae)

| | | | | |
|---|---|---|---|---|
| Weg-Rauke | Sisymbrium | officinale | 606 | |
| Sophienkraut | Descurainia | sophia | 613 | selten |
| Knoblauchhederich | Alliaria | petiolata | 616 | |
| Schotenkresse | Arabidopsis | thaliana | 617 | ausgestorben |
| Schnabelschötchen | Euclidium | syriacum | 620 | selten |
| Nachtviole | Hesperis | matronalis | 628 | selten |
| Gemeine Brunnenkresse | Nasturtium | officinale | 631 | selten |
| Wilde Sumpfkresse | Rorippa | sylvestris | 633 | |
| Echte Sumpfkresse | – | palustris | 637 | selten |
| Gemeine Winterkresse | Barbarea | vulgaris | 641 | |
| Mittlere Winterkresse | – | intermedia | 642 | sehr selten |
| Fingerblättrige Zahnwurz | Cardamine | pentaphyllos | 645 | selten |
| Knöllchentragende Zahnwurz | – | bulbifera | 646 | selten |
| Kitaibels Zahnwurz | – | kitaibelii | 648 | selten |
| Alpen-Schaumkraut | – | alpina | 651 | im Alpstein, alpin |

| | | | | |
|---|---|---|---|---|
| Resedablättriges Schaumkraut | Cardamine | resedifolia | 652 | ausgestorben |
| Bitteres Schaumkraut | – | amara | 653 | |
| Vielstängeliges Schaumkraut | – | hirsuta | 654 | |
| Spring-Schaumkraut | – | impatiens | 655 | selten |
| Wald-Schaumkraut | – | flexuosa | 656 | |
| Wiesen-Schaumkraut | Cardamine | pratensis | | |
| *Wiesen-Schaumkraut* | – | *pratensis* | *657* | |
| *Bach-Schaumkraut* | – | *rivularis* | *660* | *sehr selten* |
| Sand-Schaumkresse | Cardaminopsis | arenosa | 663 | selten |
| Turm-Gänsekresse | Arabis | turrita | 666 | selten |
| Alpen-Gänsekresse | – | alpina | 667 | |
| Rauhhaarige Gänsekresse | – | hirsuta | 669 | |
| Bewimperte Gänsekresse | – | ciliata | 672 | |
| Zwerg-Gänsekresse | – | bellidifolia | 675 | |
| Bläuliche Gänsekresse | – | caerulea | 676 | im Alpstein, alpin |
| Bach-Gänsekresse | – | subcoriacea | 677 | sehr selten im Alpstein |
| Armblütige Gänsekresse | Fourraea | alpina | 682 | selten, 1956 entdeckt |
| Wilde Mondviole | Lunaria | rediviva | 683 | |
| Garten-Mondviole, Silberling | – | annua | 684 | adventiv, selten |
| Fladnitzer Felsenblümchen | Draba | fladnizensis | 694 | im Alpstein, alpin |
| Gletscher-Felsenblümchen | – | dubia | 695 | sehr selten im Alpstein |
| Immergrünes Felsenblümchen | – | aizoides | 697 | im Alpstein |
| Filziges Felsenblümchen | – | tomentosa | 699 | im Alpstein |
| Graues Felsenblümchen | – | incana | 704 | selten im Alpstein |
| Frühlings-Hungerblümchen | Erophila | verna | 705 | |
| Steinschmückel | Petrocallis | pyrenaica | 707 | im Alpstein, alpin |
| Gemeines Hirtentäschchen | Capsella | bursa-pastoris | 711 | |
| Kugelschötchen | Kernera | saxatilis | 713 | |
| Ackernüsschen | Neslia | paniculata | 717 | ausgestorben |
| Alpen-Gämskresse | Pritzelago | alpina | 719 | im Alpstein |
| Rundblättriges Täschelkraut | Thlaspi | rotundifolium / repens | 723 | im Alpstein |
| Voralpen-Täschelkraut | – | alpestre / caerulescens | 725 | selten, adventiv |
| Acker-Täschelkraut | – | arvense | 729 | |
| Stängelumfassendes T'Kraut | – | perfoliatum | 730 | sehr selten |
| Gemeines Brillenschötchen | Biscutella | laevigata | 739 | im Alpstein |
| Pfeilkresse | Cardaria | draba | 753 | selten |
| Acker-Senf | Sinapis | arvensis | 763 | sehr selten |

| Brunnenkressenb. Rampe | Erucastrum | nasturtiifolium | 765 | |
|---|---|---|---|---|
| Acker-Rettich | Raphanus | raphanistrum | 771 | selten |

## FAMILIE RESEDAGEWÄCHSE  (Resedaceae)

| Gelbe Reseda | Reseda | lutea | 775 | sehr selten |
|---|---|---|---|---|

## FAMILIE TAMARISKENGEWÄCHSE (Tamaricaceae)

| Deutsche Tamariske | Myricaria | germanica | 778 | ausgestorben |
|---|---|---|---|---|

## FAMILIE KRÄHENBEERENGEWÄCHSE (Empetraceae)

| Zwittrige Krähenbeere | Empetrum | nigrum ssp. hermaphr. | 779 | im Alpstein |
|---|---|---|---|---|

## FAMILIE HEIDEKRAUTGEWÄCHSE (Ericaceae)

| Alpenazalee | Loiseleuria | procumbens | 781 | im Alpstein, alpin |
|---|---|---|---|---|
| Rosmarinheide | Andromeda | polifolia | 782 | |
| Immergrüne Bärentraube | Arctostaphylos | uva-ursi | 783 | |
| Alpen-Bärentraube | – | alpina | 784 | im Alpstein, alpin |
| Bewimperte Alpenrose | Rhododendron | hirsutum | 785 | |
| Rostblättrige Alpenrose | – | ferrugineum | 786 | |
| Besenheide, Heidekraut | Calluna | vulgaris | 788 | |
| Preiselbeere | Vaccinium | vitis-idaea | 789 | |
| Heidelbeere | – | myrtillus | 790 | |
| Moorbeere | – | uliginosum | | |
| *Echte Moorbeere* | – | *uliginosum* | *791* | |
| *Kleinblättrige Moorbeere* | | *gaultherioides* | *792* | *im Alpstein* |
| Gemeine Moosbeere | – | oxycoccos | 793 | |
| Erika, Schneeheide | Erica | carnea | 795 | |

## FAMILIE FICHTENSPARGELGEWÄCHSE (Monotropaceae)

| Fichtenspargel | Monotropa | hypopitys | | |
|---|---|---|---|---|
| *Echter Fichtenspargel* | – | *hypopitys* | *799* | *selten* |
| *Kahler Fichtenspargel* | – | *hypophegea* | *800* | *sehr selten* |

## FAMILIE WINTERGRÜNGEWÄCHSE (Pyrolaceae)

| Rundblättriges Wintergrün | Pyrola | rotundifolia | 801 | |
|---|---|---|---|---|
| Grünlichblütiges Wintergrün | – | chlorantha | 802 | ausgestorben? |
| Kleines Wintergrün | – | minor | 803 | |
| Mittleres Wintergrün | – | media | 804 | sehr selten |

| Moosauge, Einblütiges W'grün | Moneses | uniflora | 805 | |
| Birngrün, Einseitswendiges W'grün | Orthilia | secunda | 806 | |

## FAMILIE SCHLÜSSELBLUMENGEWÄCHSE (Primulaceae)

| Wald-Schlüsselbume | Primula | elatior | 810 | |
| Frühlings-Schlüsselblume | – | veris | 811 | |
| Aurikel, Flühblümchen | – | auricula | 813 | |
| Mehl-Primel | – | farinosa | 815 | |
| Ganzblättrige Primel | – | integrifolia | 817 | im Alpstein |
| Bewimperter Mannsschild | Androsace | chamaejasme | 821 | im Alpstein |
| Schweizer Mannsschild | – | helvetica | 829 | im Alpstein, alpin |
| Grosses Alpenglöckchen | Soldanella | alpina | 837 | |
| Kleines Alpenglöckchen | – | pusilla | 838 | s. im Alpstein, alpin |
| Acker-Gauchheil | Anagallis | arvensis | 841 | ausgestorben |
| Pfennigkraut | Lysimachia | nummularia | 845 | |
| Hain-Gilbweiderich, Friedlos | – | nemorum | 846 | |
| Gemeiner Gilbweiderich | – | vulgaris | 847 | |
| Strauss-Gilbweiderich | – | thyrsiflora | 849 | selten |

## FAMILIE PIMPERNUSSGEWÄCHSE (Staphyleaceae)

| Pimpernuss | Staphylea | pinnata | 850 | sehr selten, adventiv |

## FAMILIE STACHELBEERGEWÄCHSE (Grossulariaceae)

| Alpen-Johannisbeere | Ribes | alpinum | 853 | |
| Felsen-Johannisbeere | – | petraeum | 854 | kaum, oft verwechselt |
| Stachelbeere | – | uva-crispa | 855 | sehr selten |

## FAMILIE DICKBLATTGEWÄCHSE (Crassulaceae)

| Purpurrotes Fettkraut | Sedum | telephium | 857 | selten |
| Scharfer Mauerpfeffer | – | acre | 865 | sehr selten |
| Milder Mauerpfeffer | – | sexangulare | 866 | |
| Alpen-Mauerpfeffer | – | alpestre | 867 | im Alpstein, alpin |
| Einjähriger Mauerpfeffer | – | annuum | 868 | selten im Alpstein, alpin |
| Dickblättriger Mauerpfeffer | – | dasyphyllum | 869 | |
| Spanischer Mauerpfeffer | – | hispanicum | 870 | neu, Gartenflüchtling |
| Moor-Mauerpfeffer | – | villosum | 872 | s. im Alpstein, sonst ausg. |
| Weisser Mauerpfeffer | – | album | 873 | |

| Dunkler Mauerpfeffer | Sedum | atratum | 874 | im Alpstein |
|---|---|---|---|---|
| Alpen-Hauswurz | Sempervivum | tectorum ssp. alpinum | 882 | |

## FAMILIE STEINBRECHGEWÄCHSE (Saxifragaceae)

| Trauben-Steinbrech | Saxifraga | paniculata | 887 | |
|---|---|---|---|---|
| Safrangelber Steinbrech | – | mutata | 888 | |
| Gegenblättriger Steinbrech | – | oppositifolia | 889 | im Alpstein, alpin |
| Blaugrüner Steinbrech | – | caesia | 894 | im Alpstein, sonst s. s. |
| Sternblütiger Steinbrech | – | stellaris | 896 | im Alpstein |
| Bewimperter Steinbrech | – | aizoides | 901 | |
| Rundblättriger Steinbrech | – | rotundifolia | 905 | |
| Mannsschild-Steinbrech | – | androsacea | 911 | im Alpstein |
| Blattloser Steinbrech | – | aphylla | 914 | im Alpstein, alpin |
| Moschus-Steinbrech | – | exarata ssp. moschata | 916 | |
| Wechselblättriges Milzkraut | Chrysosplenium | alternifolium | 919 | |
| Sumpf-Herzblatt | Parnassia | palustris | 921 | |

## FAMILIE ROSENGEWÄCHSE (Rosaceae)

| Wald-Geissbart | Aruncus | dioecus | 922 | |
|---|---|---|---|---|
| Moor-Geissbart, Mädesüss | Filipendula | ulmaria | 925 | |
| Gemeiner Odermennig | Agrimonia | eupatoria | 927 | sehr selten |
| Wohlriechender Odermennig | – | procera | 928 | sehr selten |
| Kleiner Wiesenknopf | Sanguisorba | minor | 929 | |
| Grosser Wiesenknopf | – | officinalis | 931 | |
| Bach-Nelkenwurz | Geum | rivale | 933 | |
| Gemeine Nelkenwurz | – | urbanum | 934 | |
| Gemeine Berg-Nelkenwurz | – | montanum | 935 | |
| Silberwurz | Dryas | octopetala | 937 | |
| Blutauge | Potentilla | palustris | 938 | |
| Vielstängeliges Fingerkraut | – | caulescens | 941 | nur noch im Alpstein |
| Erdbeer-Fingerkraut | – | sterilis | 943 | |
| Gänse-Fingerkraut | – | anserina | 947 | |
| Blutwurz, Tormentill | – | erecta | 949 | |
| Kriechendes Fingerkraut | – | reptans | 950 | |
| Zwerg-Fingerkraut | – | brauneana | 954 | im Alpstein |
| Silber-Fingerkraut | – | argentea | 957 | sehr selten |
| Frühlings-Fingerkraut | – | neumanniana | 965 | |
| Grauflaumiges Fingerkraut | – | pusilla | 966 | selten |

| | | | | |
|---|---|---|---|---|
| Gold-Fingerkraut | Potentilla | aurea | 969 | |
| Crantz' Fingerkraut | – | crantzii | 970 | |
| Sibbaldie | Sibbaldia | procumbens | 972 | im Alpstein, alpin |
| Wald-Erdbeere | Fragaria | vesca | 973 | |
| Moschus-Erdbeere | – | moschata | 975 | sehr selten |
| Ackerfrauenmantel | Aphanes | arvensis | 977 | ausgestorben |
| Alpen-Silbermantel | Alchemilla | alpina | 979 | selten |
| Verwachsener Silbermantel | – | conjuncta | 982 | |
| Geschlitzter Frauenmantel | – | fissa | 985 | |
| Weichhaariger Frauenmantel | – | hybrida | 987 | |
| Lederblättriger Frauenmantel | – | coriacea | 992 | |
| Gemeiner Frauenmantel | – | xanthochlora / vulgaris | 993 | |
| Kahler Frauenmantel | – | glabra | 995 | |
| Alpen-Hagrose | Rosa | pendulina | 997 | |
| Feld-Rose, Weisse Wildrose | – | arvensis | 999 | |
| Zimt-Rose | – | majalis | 1000 | ausgestorben |
| Wein-Rose | – | rubiginosa | 1002 | sehr selten |
| Acker-Rose | – | agrestis | 1003 | ausgestorben? |
| Filzige Rose | – | tomentosa | 1005 | |
| Apfel-Rose | – | villosa | 1006 | selten |
| Bereifte Rose | – | glauca | 1010 | |
| Hunds-Rose | – | canina | 1013 | |
| Busch-Rose | – | corymbifera | 1014 | |
| Tannen-Rose | – | abietina | 1015 | sehr selten |
| Lederblättrige Rose | – | caesia / coriifolia | 1017 | sehr selten |
| Vogesen-Rose | – | vosagiaca | 1021 | |
| Himbeere | Rubus | idaeus | 1027 | |
| Steinbeere | – | saxatilis | 1028 | |
| Blaue Brombeere | – | caesius | 1029 | |
| Zweifarbige Brombeere | – | bifrons (R. fruticosus) | 1033 | selten |
| Samtige Brombeere | – | vestitus (R. fruticosus) | 1036 | selten |
| Drüsige Brombeere | – | hirtus (R. fruticosus) | 1037 | |
| Zipfelblättrige Brombeere | – | laciniatus | 1040 | neu, verwildert |
| Wild-Birnbaum | Pyrus | pyraster | 1041 | selten |
| Holz-Apfelbaum | Malus | sylvestris | 1043 | selten |
| Zwergmispel | Sorbus | chamaemespilus | 1046 | im Alpstein |
| Vogelbeerbaum | – | aucuparia | 1047 | |

| | | | | |
|---|---|---|---|---|
| Mehlbeerbaum | Sorbus | aria | 1049 | |
| Mougeots Mehlbeerbaum | – | mougeotii | 1051 | |
| Zweigriffeliger Weissdorn | Crataegus | laevigata | 1053 | |
| Eingriffeliger Weissdorn | – | monogyna | 1054 | |
| Felsenmispel | Amelanchier | ovalis | 1056 | |
| Gewöhnliche Steinmispel | Cotoneaster | integerrima | 1057 | |
| Filzige Steinmispel | – | tomentosa | 1058 | selten |
| Schwarzdorn, Schlehe | Prunus | spinosa | 1065 | |
| Süsskirsche | – | avium | 1071 | |
| Sauerkirsche, Weichsel | – | cerasus | 1072 | selten |
| Traubenkirsche | – | padus | 1073 | ausgestorben |

## FAMILIE SCHMETTERLINGSBLÜTLER (Fabaceae)

| | | | | |
|---|---|---|---|---|
| Besenginster | Cytisus | scoparius | 1089 | selten |
| Dornige Hauhechel | Ononis | spinosa | 1101 | selten |
| Kriechende Hauhechel | – | repens | 1103 | |
| Hopfenklee | Medicago | lupulina | 1107 | |
| Saat-Luzerne | – | sativa | 1109 | ausgestorben |
| Gelbe Luzerne, Sichelklee | – | falcata | 1110 | selten |
| Gebräuchlicher Honigklee | Melilotus | officinalis | 1115 | ausgestorben |
| Weisser Honigklee | – | albus | 1118 | |
| Mittlerer Klee | Trifolium | medium | 1122 | |
| Hasen-Klee | – | arvense | 1124 | ausgestorben |
| Rot-Klee | – | pratense | 1129 | |
| Gelblicher Klee | – | ochroleucon | 1132 | ausgestorben |
| Kriechender Klee, Weiss-Klee | – | repens | 1133 | |
| Berg-Klee | – | montanum | 1134 | |
| Thals-Klee | – | thalii | 1136 | im Alpstein |
| Bastard-Klee | – | hybridum | 1140 | |
| Gelber Acker-Klee | – | campestre | 1141 | selten |
| Zweifelhafter Klee | – | dubium | 1142 | |
| Gold-Klee | – | aureum | 1143 | |
| Braun-Klee | – | badium | 1145 | |
| Gemeiner Wundklee | Anthyllis | vulneraria | | |
| *Echter Wundklee* | – | *ssp. vulneraria* | *1149* | |
| *Alpen-Wundklee* | – | *ssp. alpestris* | *1150* | |
| *Karpaten-Wundklee* | – | *ssp. carpatica* | *1151* | |

| | | | | |
|---|---|---|---|---|
| Spargelerbse | Lotus | maritimus | 1155 | |
| Sumpf-Hornklee | – | pendunculatus | 1156 | |
| Gemeiner Hornklee | – | corniculatus | | |
| *Gewöhnlicher Hornklee* | – | *corniculatus* | *1157* | |
| *Alpen-Hornklee* | – | *alpinus* | *1158* | |
| Robinie | Robinia | pseudoacacia | 1162 | sehr selten, adventiv |
| Schopfiger Hufeisenklee | Hippocrepis | comosa | 1164 | |
| Süsser Tragant, Bärenschote | Astragalus | glycyphyllos | 1168 | selten |
| Alpen-Tragant | – | alpinus | 1171 | im Alpstein |
| Südlicher Tragant | – | australis | 1172 | im Alpstein |
| Gletscherlinse | – | frigidus | 1175 | im Alpstein |
| Alpen-Spitzkiel | Oxytropis | campestris | 1179 | im Alpstein |
| Berg-Spitzkiel | – | jacquinii | 1181 | im Alpstein |
| Scheiden-Kronwicke | Coronilla | vaginalis | 1189 | |
| Alpen-Süssklee | Hedysarum | hedysaroides | 1191 | im Alpstein |
| Saat-Esparsette | Onobrychis | viciifolia | 1193 | |
| Berg-Esparsette | – | montana | 1194 | im Alpstein |
| Viersamige Wicke | Vicia | tetrasperma | 1198 | s. selten; ausgestorben? |
| Gewöhnliche Vogel-Wicke | – | cracca | 1201 | |
| Wald-Wicke | – | sylvatica | 1207 | im Alpstein |
| Hecken-Wicke | – | dumetorum | 1208 | sehr selten |
| Zaun-Wicke | – | sepium | 1216 | |
| Wiesen-Platterbse | Lathyrus | pratensis | 1229 | |
| Wald-Platterbse | – | sylvestris | 1233 | sehr selten |
| Knollige Platterbse | – | tuberosus | 1236 | ausgestorben |
| Berg-Platterbse | – | linifolius | 1237 | sehr selten |
| Frühlings-Platterbse | – | vernus | 1239 | |
| Gelbe Berg-Platterbse | – | occidentalis | 1241 | im Alpstein |

## FAMILIE ÖLWEIDENGEWÄCHSE (Elaeagnaceae)

| | | | | |
|---|---|---|---|---|
| Sanddorn | Hippophaë | rhamnoides | 1251 | ausgestorben |

## FAMILIE WEIDERICHGEWÄCHSE (Lythraceae)

| | | | | |
|---|---|---|---|---|
| Blut-Weiderich | Lythrum | salicaria | 1257 | |

## FAMILIE STECHPALMENGEWÄCHSE (Aqifoliaceae)

| | | | | |
|---|---|---|---|---|
| Stechpalme | Ilex | aquifolium | 1260 | |

## FAMILIE SEIDELBASTGEWÄCHSE (Thymelaeaceae)

| | | | | |
|---|---|---|---|---|
| Gemeiner Seidelbast | Daphne | mezereum | 1261 | |

## FAMILIE NACHTKERZENGEWÄCHSE (Onagraceae)

| | | | | |
|---|---|---|---|---|
| Wald-Weidenröschen | Epilobium | angustifolium | 1269 | |
| Zottiges Weidenröschen | – | hirsutum | 1270 | |
| Berg-Weidenröschen | – | montanum | 1273 | |
| Hügel-Weidenröschen | – | collinum | 1274 | selten |
| Dunkelgrünes Weidenröschen | – | obscurum | 1275 | selten |
| Sumpf-Weidenröschen | – | palustre | 1277 | |
| Rosenrotes Weidenröschen | – | roseum | 1278 | |
| Quirlblättriges Weidenröschen | – | alpestre | 1279 | |
| Kleinblütiges Weidenröschen | – | parviflorum | 1280 | |
| Vierkantiges Weidenröschen | – | tetragonum | 1281 | sehr selten |
| Alpen-Weidenröschen | – | anagallidifolium | 1283 | im Alpstein |
| Nickendes Weidenröschen | – | nutans | 1284 | |
| Mierenblättriges Weidenröschen | – | alsinifolium | 1285 | |
| Grosses Hexenkraut | Circaea | lutetiana | 1290 | |
| Alpen-Hexenkraut | – | alpina | 1291 | |
| Mittleres Hexenkraut | – | x intermedia | 1292 | selten |

## FAMILIE HORNSTRAUCHGEWÄCHSE (Cornaceae)

| | | | | |
|---|---|---|---|---|
| Roter Hornstrauch, Hartriegel | Cornus | sanguinea | 1293 | |

## FAMILIE SANDELHOLZGEWÄCHSE (Santalaceae)

| | | | | |
|---|---|---|---|---|
| Alpen-Bergflachs | Thesium | alpinum | 1297 | |
| Pyrenäen-Bergflachs | – | pyrenaicum | 1298 | |

## FAMILIE MISTELGEWÄCHSE (Loranthaceae)

| | | | | |
|---|---|---|---|---|
| Mistel | Viscum | album | | |
| *Laubholz-Mistel* | – | *ssp. album* | *1301* | |
| *Tannen-Mistel* | – | *ssp. abietis* | *1302* | *selten* |

## FAMILIE WOLFSMILCHGEWÄCHSE (Euphorbiaceae)

| | | | | |
|---|---|---|---|---|
| Ausdauerndes Bingelkraut | Mercurialis | perennis | 1307 | |
| Sonnenwend-Wolfsmilch | Euphorbia | helioscopia | 1313 | selten |
| Süsse Wolfsmilch | – | dulcis | 1317 | selten |
| Breitblättrige Wolfsmilch | – | platyphyllos | 1319 | ausgestorben |

| | | | | |
|---|---|---|---|---|
| Steife Wolfsmilch | Euphorbia | stricta | 1320 | sehr selten |
| Zypressenblättrige Wolfsmilch | – | cyparissias | 1321 | |
| Mandelblättrige Wolfsmilch | – | amygdaloides | 1324 | selten |
| Garten-Wolfsmilch | – | peplus | 1325 | |
| Kleine Wolfsmilch | – | exigua | 1326 | sehr selten |

## FAMILIE SPINDELSTRAUCHGEWÄCHSE (Celastraceae)

| | | | | |
|---|---|---|---|---|
| Gemeines Pfaffenhütchen | Euonymus | europaea | 1331 | |
| Breitblättriges Pfaffenhütchen | – | latifolia | 1332 | |

## FAMILIE KREUZDORNGEWÄCHSE (Rhamnaceae)

| | | | | |
|---|---|---|---|---|
| Gemeiner Kreuzdorn | Rhamnus | cathartica | 1337 | |
| Zwerg-Kreuzdorn | – | pumila | 1339 | im Alpstein |
| Faulbaum | Frangula | alnus | 1341 | |

## FAMILIE LEINGEWÄCHSE (Linaceae)

| | | | | |
|---|---|---|---|---|
| Purgier-Lein | Linum | catharticum | 1342 | |

## FAMILIE KREUZBLUMENGEWÄCHSE (Polygalaceae)

| | | | | |
|---|---|---|---|---|
| Voralpen-Kreuzblume | Polygala | alpestris | 1349 | |
| Bittere Kreuzblume | – | amarella | 1351 | |
| Gemeine Kreuzblume | – | vulgaris | | |
| *Gemeine Kreuzblume* | – | *ssp. vulgaris* | *1353* | |
| *Schmalflügelige Kreuzblume* | – | *ssp. oxyptera* | *1354* | |
| Schopfige Kreuzblume | – | comosa | 1355 | ausgestorben |
| Buchsblättrige Kreuzblume | – | chamaebuxus | 1357 | |
| Quendelblättrige Kreuzblume | – | serpyllifolia | 1358 | |

## FAMILIE AHORNGEWÄCHS (Aceraceae)

| | | | | |
|---|---|---|---|---|
| Berg-Ahorn | Acer | pseudoplatanus | 1361 | |
| Spitz-Ahorn | – | platanoides | 1362 | selten |
| Feld-Ahorn | – | campestre | 1363 | selten |

## FAMILIE STORCHSCHNABELGEWÄCHSE (Geraniaceae)

| | | | | |
|---|---|---|---|---|
| Ruprechtskraut | Geranium | robertianum | 1369 | |
| Pyrenäen-Storchschnabel | – | pyrenaicum | 1372 | |
| Brauner Storchschnabel | – | phaeum | 1375 | selten |
| Sumpf-Storchschnabel | – | palustre | 1377 | ausgestorben |

| | | | | |
|---|---|---|---|---|
| Blutroter Storchschnabel | Geranium | sanguineum | 1378 | sehr selten |
| Wald-Storchschnabel | – | sylvaticum | 1379 | |
| Wiesen-Storchschnabel | – | pratense | 1380 | sehr selten |
| Schlitzblättriger Storchschnabel | – | dissectum | 1381 | selten |
| Tauben-Storchschnabel | – | columbinum | 1382 | |
| Weicher Storchschnabel | – | molle | 1385 | ausgestorben |
| Kleiner Storchschnabel | – | pusillum | 1386 | sehr selten |

## FAMILIE BALSAMINENGEWÄCHSE (Balsaminaceae)

| | | | | |
|---|---|---|---|---|
| Wald-Springkraut, Rührmichnichtan | Impatiens | noli-tangere | 1393 | |
| Kleines Springkraut | – | parviflora | 1394 | |
| Drüsiges Springkraut | – | glandulifera | 1396 | neu seit ca. 1965 |

## FAMILIE SAUERKLEEGEWÄCHSE (Oxalidaceae)

| | | | | |
|---|---|---|---|---|
| Aufrechter Sauerklee | Oxalis | fontana | 1397 | |
| Gehörnter Sauerklee | – | corniculata | 1398 | sehr selten |
| Gemeiner Sauerklee | – | acetosella | 1399 | |

## FAMILIE EFEUGEWÄCHSE (Araliaceae)

| | | | | |
|---|---|---|---|---|
| Efeu | Hedera | helix | 1401 | |

## FAMILIE DOLDENGEWÄCHSE (Apiaceae)

| | | | | |
|---|---|---|---|---|
| Sanikel | Sanicula | europaea | 1402 | |
| Grosse Sterndolde | Astrantia | major | 1403 | |
| Gelbfrüchtiger Kälberkropf | Chaerophyllum | aureum | 1407 | |
| Gebirgs-Kälberkropf | – | hirsutum | | |
| *Schierlings-Kälberkropf* | – | *hirsutum* | *1409* | |
| *Villars Kälberkropf* | – | *villarsii* | *1410* | |
| Wiesen-Kerbel | Anthriscus | sylvestris | 1413 | |
| Glänzender Kerbel | – | nitida | 1414 | sehr selten |
| Rippensame | Pleurospermum | austriacum | 1430 | |
| Langblättriges Hasenohr | Bupleurum | longifolium | 1434 | im Alpstein |
| Hahnenfussartiges Hasenohr | – | ranunculoides | 1435 | im Alpstein |
| Wasserschierling | Cicuta | virosa | 1443 | ausgestorben |
| Kümmel | Carum | carvi | 1447 | |
| Grosse Bibernelle | Pimpinella | major | 1449 | |
| Kleine Bibernelle | – | saxifraga | 1451 | |
| Geissfuss, Baumtropfen | Aegopodium | podagraria | 1453 | |

| | | | | |
|---|---|---|---|---|
| Hundspetersilie | Aethusa | cynapium | 1454 | sehr selten |
| Augenwurz | Athamanta | cretensis | 1457 | im Alpstein |
| Rosskümmel | Silaum | silaus | 1464 | sehr selten |
| Silge | Selinum | carvifolia | 1469 | ausgestorben |
| Alpen-Liebstock, Muttern | Ligusticum | mutellina | 1471 | im Alpstein |
| Zwerg-Mutterwurz | – | mutellinoides | 1472 | im Alpstein, alpin |
| Brustwurz | Angelica | sylvestris | 1475 | |
| Meisterwurz | Peucedanum | ostruthium | 1479 | im Alpstein |
| Möhre | Daucus | carota | 1486 | |
| Pastinak | Pastinaca | sativa | 1488 | selten |
| Wiesen-Bärenklau | Heracleum | sphondylium | | |
| *Gewöhnlicher Wiesen-Bärenklau* | – | *ssp. sphondylium* | *1489* | |
| *Berg-Bärenklau* | – | *ssp. elegans* | *1491* | *im Alpstein* |
| Preussisches Laserkraut | Laserpitium | prutenicum | 1495 | sehr selten |
| Berg-Laserkraut | – | siler | 1496 | im Alpstein |
| Breitblättriges Laserkraut | – | latifolium | 1497 | |

## FAMILIE ENZIANGEWÄCHSE (Gentianaceae)

| | | | | |
|---|---|---|---|---|
| Fieberklee | Menyanthes | trifoliata | 1501 | |
| Durchwachsener Bitterling | Blackstonia | perfoliata | 1503 | selten |
| Echtes Tausendgüldenkraut | Centaurium | erythraea | 1506 | |
| Moorenzian | Swertia | perennis | 1507 | |
| Gelber Enzian | Gentiana | lutea | 1509 | im Alpstein |
| Getüpfelter Enzian | – | punctata | 1510 | im Alpstein, sonst s.s. |
| Purpur-Enzian | – | purpurea | 1511 | selten im Alpstein |
| Kreuzblättriger Enzian | – | cruciata | 1513 | ausgestorben |
| Schwalbenwurz-Enzian | – | asclepiadea | 1514 | |
| Lungen-Enzian | – | pneumonanthe | 1515 | selten |
| Clusius' Enzian | – | clusii | 1517 | |
| Koch'scher Enzian | – | acaulis | 1518 | |
| Rundblättriger Enzian | – | orbicularis | 1520 | selten im Alpstein, alpin |
| Frühlings-Enzian | – | verna | 1521 | |
| Bayrischer Enzian | – | bavarica | 1522 | im Alpstein |
| Kurzblättriger Enzian | – | brachyphylla | 1523 | selten im Alpstein |
| Schnee-Enzian | – | nivalis | 1526 | im Alpstein, sonst s.s. |
| Gefranster Enzian | – | ciliata | 1527 | |
| Zarter Enzian | – | tenella | 1528 | im Alpstein, alpin |

| | | | | |
|---|---|---|---|---|
| Feld-Enzian | Gentiana | campestris | 1529 | im Alpstein, sonst ausg. |
| Deutscher Enzian | – | germanica | 1533 | |
| Rauher Enzian | – | aspera | 1536 | selten |

## FAMILIE HUNDSGIFTGEWÄCHSE (Apocynaceae)

| | | | | |
|---|---|---|---|---|
| Kleines Immergrün | Vinca | minor | 1539 | |

## FAMILIE SEIDENPFLANZENGEWÄCHSE (Asclepiadaceae)

| | | | | |
|---|---|---|---|---|
| Schwalbenwurz | Vincetoxicum | hirundinaria | 1541 | |

## FAMILIE NACHTSCHATTENGEWÄCHS (Solanaceae)

| | | | | |
|---|---|---|---|---|
| Tollkirsche | Atropa | belladonna | 1544 | |
| Bittersüss | Solanum | dulcamara | 1556 | |

## FAMILIE SEIDENGEWÄCHSE (Cuscutaceae)

| | | | | |
|---|---|---|---|---|
| Quendel-Seide | Cuscuta | epithymum | 1561 | |
| Nessel-Seide | – | europaea | 1562 | selten im Alpstein |

## FAMILIE WINDENGEWÄCHSE (Convolvulaceae)

| | | | | |
|---|---|---|---|---|
| Zaunwinde | Calystegia | sepium | 1566 | |
| Acker-Winde | Convolvulus | arvensis | 1567 | |

## FAMILIE EISENKRAUTGEWÄCHSE (Verbenaceae)

| | | | | |
|---|---|---|---|---|
| Eisenkraut | Verbena | officinalis | 1568 | sehr selten, evtl. ausg. |

## FAMILIE BORRETSCHGEWÄCHSE (Boraginaceae)

| | | | | |
|---|---|---|---|---|
| Gemeiner Natterkopf | Echium | vulgare | 1573 | selten |
| Wald-Vergissmeinnicht | Myosotis | sylvatica | 1582 | |
| Niederliegendes Vergissm. | – | decumbens | 1583 | sehr selten |
| Alpen-Vergissmeinnicht | – | alpestris | 1584 | im Alpstein |
| Sumpf-Vergissmeinnicht | – | scorpioides | 1585 | |
| Rasiges Vergissmeinnicht | – | cespitosa | 1586 | ausgestorben |
| Hain-Vergissmeinnicht | – | nemorosa | 1587 | |
| Acker-Vergissmeinnicht | – | arvensis | 1589 | |
| Echte Wallwurz, Beinwell | Symphytum | officinale | 1601 | |

## FAMILIE WASSERSTERNGEWÄCHSE (Callitrichaceae)

| | | | | |
|---|---|---|---|---|
| Stumpffrüchtiger Wasserstern | Callitriche | cophocarpa | 1616 | selten im Alpstein, alpin |

| Teich-Wasserstern | Callitriche | platycarpa | 1619 | selten |
|---|---|---|---|---|

## FAMILIE LIPPENBLÜTLER (Lamiaceae)

| Kriechender Günsel | Ajuga | reptans | 1621 | |
|---|---|---|---|---|
| Genfer Günsel | – | genevensis | 1622 | sehr selten |
| Pyramiden-Günsel, Berg-Günsel | – | pyramidalis | 1623 | im Alpstein |
| Salbeiblättriger Gamander | Teucrium | scorodonia | 1625 | selten |
| Berg-Gamander | – | montanum | 1626 | |
| Edel-Gamander | – | chamaedrys | 1627 | |
| Gundelrebe | Glechoma | hederacea | 1641 | |
| Gemeine Brunelle | Prunella | vulgaris | 1645 | |
| Grossblütige Brunelle | – | grandiflora | 1646 | |
| Gewöhnlicher Hohlzahn | Galeopsis | tetrahit | 1649 | |
| Ausgerandeter Hohlzahn | – | bifida | 1650 | ? |
| Bunter Hohlzahn | – | speciosa | 1652 | sehr selten |
| Gefleckte Taubnessel | Lamium | maculatum | 1657 | |
| Acker-Taubnessel | – | purpureum | 1659 | |
| Weisse Taubnessel | – | album | 1661 | |
| Berg-Goldnessel | – | galeobdolon ssp. mont. | 1662 | |
| Wald-Ziest | Stachys | sylvatica | 1667 | |
| Alpen-Ziest | – | alpina | 1668 | im Alpstein |
| Aufrechter Ziest | – | recta | 1673 | selten |
| Gebräuchliche Betonie | – | officinalis | 1677 | selten |
| Wiesen-Salbei | Salvia | pratensis | 1679 | |
| Klebrige Salbei | – | glutinosa | 1680 | |
| Quirlige Salbei | – | verticillata | 1682 | ausgestorben |
| Wald-Bergminze | Calamintha | menthifolia | 1692 | selten |
| Wirbeldost | Clinopodium | vulgare | 1694 | |
| Feld-Steinquendel | Acinos | arvensis | 1695 | |
| Alpen-Steinquendel | – | alpinus | 1696 | im Alpstein |
| Dost | Origanum | vulgare | 1697 | |
| Feld-Thymian | Thymus | serpyllum | | |
| *Vielhaariger Thymian* | – | *polytrichus* | *1701* | |
| *Arznei-Thymian* | – | *pulegioides* | *1702* | |
| Europäischer Wolfsfuss | Lycopus | europaeus | 1709 | sehr selten |
| Wasser-Minze, Bach-Minze | Mentha | aquatica | 1713 | |
| Acker-Minze | – | arvensis | 1714 | |

| Ross-Minze | Mentha | longifolia | 1715 | |
|---|---|---|---|---|

## FAMILIE WEGERICHGEWÄCHSE (Plantaginaceae)

| | | | | |
|---|---|---|---|---|
| Spitz-Wegerich | Plantago | lanceolata | 1721 | |
| Mittlerer Wegerich | – | media | 1722 | |
| Breit-Wegerich | – | major | | |
| *Gewöhnlicher Breit-Wegerich* | – | *ssp. major* | *1723* | |
| *Kleiner Breit-Wegerich* | – | *ssp. intermedia* | *1724* | selten ? |
| Alpen-Wegerich, Adelgras | – | alpina | 1726 | im Alpstein |
| Berg-Wegerich | – | atrata | 1727 | im Alpstein |

## FAMILIE ÖLBAUMGEWÄCHSE (Oleaceae)

| | | | | |
|---|---|---|---|---|
| Gewöhnliche Esche | Fraxinus | excelsior | 1729 | |
| Liguster | Ligustrum | vulgare | 1732 | |

## FAMILIE BRAUNWURZGEWÄCHSE (Scrophulariaceae)

| | | | | |
|---|---|---|---|---|
| Dunkle Königskerze, Wollkraut | Verbascum | nigrum | 1738 | sehr selten |
| Kleinblütige Königskerze | – | thapsus | 1741 | |
| Grossblütige Königskerze | – | densiflorum | 1743 | sehr selten |
| Knotige Braunwurz | Scrophularia | nodosa | 1747 | |
| Geflügelte Braunwurz | – | umbrosa | 1749 | sehr selten |
| Gemeines Leinkraut | Linaria | vulgaris | 1757 | |
| Alpen-Leinkraut | – | alpina | 1761 | im Alpstein, sonst s.s. |
| Zimbelkraut, Mauer-Leinkraut | Cymbalaria | muralis | 1766 | |
| Kleines Leinkraut | Chaenorrhinum | minus | 1767 | |
| Leberbalsam | Erinus | alpinus | 1772 | im Alpstein, sonst s.s. |
| Grossblütiger Fingerhut | Digitalis | grandiflora | 1774 | |
| Schildfrüchtiger Ehrenpreis | Veronica | scutellata | 1781 | sehr selten |
| Bachbungen-Ehrenpreis | – | beccabunga | 1782 | |
| Gauchheil-Ehrenpreis | – | anagallis-aquatica | 1783 | sehr selten |
| Gebräuchlicher Ehrenpreis | – | officinalis | 1785 | |
| Nesselblättriger Ehrenpreis | – | urticifolia | 1786 | |
| Gamander-Ehrenpries | – | chamaedrys | 1787 | |
| Berg-Ehrenpreis | – | montana | 1788 | |
| Blattloser Ehrenpreis | – | aphylla | 1790 | |
| Alpen-Ehrenpreis | – | alpina | 1792 | im Alpstein, alpin |
| Quendelblättriger Ehrenpreis | – | serpyllifolia | | |
| *Quendelblättriger Ehrenpreis* | – | *ssp. serpyllifolia* | *1793* | |

| | | | | |
|---|---|---|---|---|
| *Niederliegender Ehrenpreis* | Veronica | *ssp. humifusa* | *1794* | |
| Halbstrauchiger Ehrenpreis | – | fruticulosa | 1795 | im Alpstein |
| Felsen-Ehrenpreis | – | fruticans | 1796 | |
| Feld-Ehrenpreis | – | arvensis | 1797 | |
| Efeublättriger Ehrenpreis | – | hederifolia | 1803 | |
| Persischer Ehrenpreis | – | persica | 1805 | |
| Feinstielige Ehrenpreis | – | filiformis | 1806 | neu seit ca. 1955 |
| Acker-Ehrenpreis | – | agrestis | 1807 | selten |
| Glänzender Ehrenpreis | – | polita | 1808 | selten |
| Sumpf-Läusekraut | Pedicularis | palustris | 1809 | |
| Waldmoor-Läusekraut | – | sylvatica | 1810 | ausgestorben |
| Quirlblättriges Läusekraut | – | verticillata | 1811 | im Alpstein |
| Gestutztes Läusekraut | – | recutita | 1812 | im Alpstein |
| Blattreiches Läusekraut | – | foliosa | 1813 | im Alpstein |
| Oeders Läusekraut | – | oederi | 1814 | im Alpstein |
| Alpenhelm, Bartschie | Bartsia | alpina | 1822 | |
| Salzburger Augentrost | Euphrasia | salisburgensis | 1823 | |
| Zwerg-Augentrost | – | minima | 1824 | |
| Zottiger Augentrost | – | hirtella | 1826 | im Alpstein |
| Gebräuchlicher Augentrost | – | rostkoviana | 1833 | |
| Berg-Augentrost | – | montana | 1834 | |
| Gescheckter Augentrost | – | picta | 1836 | im Alpstein |
| Aufrechter Augentrost | – | stricta | 1837 | selten im Alpstein |
| Roter Zahntrost | Odontites | vernus | 1842 | ausgestorben |
| Zottiger Klappertopf | Rhinanthus | alectorolophus | 1845 | |
| Kleiner Klappertopf | – | minor | 1846 | |
| Kahler Klappertopf | – | glaber | 1847 | ausgestorben |
| Schmalblättriger Klappertopf | – | glacialis | 1848 | im Alpstein |
| Wald-Wachtelweizen | Melampyrum | sylvaticum | 1853 | |
| Wiesen-Wachtelweizen | – | pratense | 1854 | |
| Tozzie | Tozzia | alpina | 1855 | im Alpstein |

## FAMILIE SOMMERWURZGEWÄCHSE (Orobanchaceae)

| | | | | |
|---|---|---|---|---|
| Pestwurz-Würger | Orobanche | flava | 1861 | selten |
| Salbei-Würger | – | salviae | 1863 | ausgestorben |
| Labkraut-Würger | – | caryophyllacea | 1870 | selten im Alpstein |
| Gamander-Würger | | teucrii | 1871 | im Alpstein, sonst ausg. |

| | | | | |
|---|---|---|---|---|
| Thymian-Würger | Orobanche | alba | 1872 | |
| Distel-Würger | – | reticulata | 1875 | im Alpstein |
| Klee-Würger | – | minor | 1876 | ausgestorben |

## FAMILIE WASSERSCHLAUCHGEWÄCHSE (Lentibulariaceae)

| | | | | |
|---|---|---|---|---|
| Alpen-Fettblatt | Pinguicula | alpina | 1877 | |
| Gemeines Fettblatt | – | vulgaris | 1878 | |
| Kleiner Wasserschlauch | Utricularia | minor | 1883 | sehr selten |

## FAMILIE KUGELBLUMENGEWÄCHSE (Globulariaceae)

| | | | | |
|---|---|---|---|---|
| Herzblättrige Kugelblume | Globularia | cordifolia | 1890 | |
| Schaft-Kugelblume | – | nudicaulis | 1891 | |

## FAMILIE BISAMKRAUTGEWÄCHSE (Adoxaceae)

| | | | | |
|---|---|---|---|---|
| Bisamkraut | Adoxa | moschatellina | 1892 | |

## FAMILIE GLOCKENBLUMENGEWÄCHSE (Campanulaceae)

| | | | | |
|---|---|---|---|---|
| Straussblütige Glockenblume | Campanula | thyrsoides | 1896 | im Alpstein |
| Knäuelblütige Glockenblume | – | glomerata | 1897 | im Alpstein |
| Bärtige Glockenblume | – | barbata | 1900 | |
| Ausgebreitete Glockenblume | – | patula | 1903 | |
| Rundblättrige Glockenblume | – | rotundifolia | 1905 | |
| Scheuchzers Glockenblume | – | scheuchzeri | 1907 | |
| Niedliche Glockenblume | – | cochleariifolia | 1908 | |
| Pfirsichblättrige Glockenblume | – | persicifolia | 1911 | sehr selten, adventiv |
| Nesselblättrige Glockenblume | – | trachelium | 1913 | |
| Acker-Glockenblume | – | rapunculoides | 1914 | ausgestorben |
| Breitblättrige Glockenblume | – | latifolia | 1915 | sehr selten |
| Halbkugelige Rapunzel | Phyteuma | hemisphaericum | 1917 | selten im Alpstein, alpin |
| Betonienblättrige Rapunzel | – | betonicifolium | 1923 | selten im Alpstein, alpin |
| Ährige Rapunzel | – | spicatum | 1925 | |
| Rundköpfige Rapunzel | – | orbiculare | 1926 | |
| Hallers Rapunzel | – | ovatum | 1927 | selten im Alpstein, alpin |
| Berg-Jasione, Heilkraut | Jasione | montana | 1929 | sehr selten |

## FAMILIE KRAPPGEWÄCHSE (Rubiaceae)

| | | | | |
|---|---|---|---|---|
| Ackerröte | Sherardia | arvensis | 1931 | ausgestorben ? |
| Acker-Waldmeister | Asperula | arvensis | 1933 | selten adventiv |

| Turiner Waldmeister | Asperula | taurina | 1934 | sehr selten |
|---|---|---|---|---|
| Hügel-Waldmeister | – | cynanchica | 1935 | ausgestorben |
| Echter Waldmeister | Galium | odoratum | 1939 | |
| Echtes Labkraut | – | verum | 1941 | |
| Nordisches Labkraut | – | boreale | 1943 | ausgestorben |
| Rundblättriges Labkraut | – | rotundifolium | 1945 | |
| Moor-Labkraut | – | uliginosum | 1946 | |
| Sumpf-Labkraut | – | palustre | 1947 | |
| Verlängertes Labkraut | – | elongatum | 1948 | selten |
| Kletten-Labkraut, Klebkraut | – | aparine | 1949 | |
| Falsches Kletten-Labkraut | – | spurium | 1950 | selten im Alpstein |
| Schweizer Labkraut | – | megalospermum | 1953 | im Alpstein, alpin |
| Ungleichblättriges Labkraut | – | anisophyllon | 1954 | |
| Wald-Labkraut | – | sylvaticum | 1957 | |
| Wiesen-Labkraut | – | mollugo | | |
| *Weisses Labkraut* | – | *album* | *1961* | |
| *Wiesen-Labkraut* | – | *mollugo* | *1962* | |
| Glänzendes Labkraut | – | lucidum | 1963 | im Alpstein |
| Niedriges Labkraut | – | pumilum | 1964 | |
| Felsen-Labkraut | – | saxatile | 1965 | sehr selten |
| Gewöhnliches Kreuzlabkraut | Cruciata | laevipes | 1966 | |

## FAMILIE GEISSBLATTGEWÄCHSE (Caprifoliaceae)

| Schwarzer Holunder | Sambucus | nigra | 1969 | |
|---|---|---|---|---|
| Zwerg-Holunder, Attich | – | ebulus | 1970 | |
| Roter Holunder | – | racemosa | 1971 | |
| Schneebeere | Symphoricarpos | albus | 1972 | selten adventiv |
| Wolliger Schneeball | Viburnum | lantana | 1973 | |
| Gemeiner Schneeball | – | opulus | 1974 | |
| Windendes Geissblatt | Lonicera | periclymenum | 1977 | selten adventiv |
| Garten-Geissblatt, Jelängerjelieber | – | caprifolium | 1978 | selten adventiv |
| Rote Heckenkirsche | – | xylosteum | 1981 | |
| Schwarze Heckenkirsche | – | nigra | 1982 | |
| Alpen-Heckenkirsche | – | alpigena | 1983 | |
| Blaue Heckenkirsche | – | caerulea | 1984 | |

## FAMILIE KARDENGEWÄCHS (Dipsacaceae)

| Abbisskraut | Succisa | pratensis | 1992 | |
|---|---|---|---|---|

| Feld-Witwenblume | Knautia | arvensis | 1993 | |
|---|---|---|---|---|
| Wald-Witwenblume | – | dipsacifolia | 1997 | |
| Gemeine Skabiose | Scabiosa | columbaria | 2001 | |
| Glänzende Skabiose | – | lucida | 2002 | |

## FAMILIE BALDRIANGEWÄCHSE (Valerianaceae)

| | | | | |
|---|---|---|---|---|
| Echter Ackersalat, Nüsslisalat | Valerianella | locusta | 2005 | ausgestorben |
| Gekielter Ackersalat | – | carinata | 2006 | sehr selten, evtl. ausg. |
| Sumpf-Baldrian | Valeriana | dioica | 2010 | |
| Berg-Baldrian | – | montana | 2011 | |
| Dreiblatt-Baldrian | – | tripteris | 2012 | |
| Gebräuchlicher Baldrian | – | officinalis | | |
| *Gebräuchlicher Baldrian* | – | *officinalis* | *2013* | |
| *Hügel-Baldrian* | – | *wallrothii* | *2014* | *selten* |
| *Verschiedenblättriger Baldrian* | – | *versifolia* | *2015* | |
| *Kriechender Baldrian* | – | *repens* | *2017* | *selten* |
| Felsen-Baldrian | – | saxatilis | 2020 | sehr selten im Alpstein |

## FAMILIE KORBBLÜTLER (Asteraceae)

| | | | | |
|---|---|---|---|---|
| Wasserdost | Eupatorium | cannabinum | 2025 | |
| Grauer Alpendost | Adenostyles | alliariae | 2026 | |
| Kahler Alpendost | – | glabra | 2027 | |
| Echte Goldrute | Solidago | virgaurea | | |
| *Gewöhnliche Goldrute* | – | *ssp. virgaurea* | *2029* | |
| *Alpen-Goldrute* | – | *ssp. minuta* | *2030* | *im Alpstein, alpin* |
| Spätblühende Goldrute | – | gigantea | 2031 | |
| Massliebchen, Gänseblümchen | Bellis | perennis | 2034 | |
| Alpenmasslieb | Aster | bellidiastrum | 2035 | |
| Alpen-Aster | – | alpinus | 2036 | im Alpstein |
| Kanadisches Berufskraut | Conyza | canadensis | 2046 | selten |
| Alpen-Berufskraut | Erigeron | alpinus | 2053 | im Alpstein |
| Vielgestaltiges Berufskraut | – | glabratus | 2054 | im Alpstein |
| Einköpfiges Berufskraut | – | uniflorus | 2055 | im Alpstein, alpin |
| Verkanntes Berufskraut | – | neglectus | 2056 | selten im Alpstein |
| Edelweiss | Leontopodium | alpinum | 2066 | selten im Alpstein |
| Gemeines Katzenpfötchen | Antennaria | dioica | 2067 | |
| Karpaten-Katzenpfötchen | – | carpatica | 2068 | selten im Alpstein, alpin |

| Wald-Ruhrkraut | Gnaphalium | sylvaticum | 2069 | |
|---|---|---|---|---|
| Norwegisches Ruhrkraut | – | norvegicum | 2070 | selten im Alpstein |
| Sumpf-Ruhrkraut | – | uliginosum | 2071 | ausgestorben |
| Niedriges Ruhrkraut | – | supinum | 2073 | selten im Alpstein, alpin |
| Hoppes Ruhrkraut | – | hoppeanum | 2074 | selten im Alpstein, alpin |
| Grosses Flohkraut | Pulicaria | dysenterica | 2075 | ausgestorben |
| Dürrwurz-Alant | Inula | conyza | 2077 | selten |
| Weiden-Alant | – | salicina | 2078 | selten |
| Weidenblättriges Rindsauge | Buphthalmum | salicifolium | 2085 | |
| Dreiteiliger Zweizahn | Bidens | tripartita | 2097 | sehr selten, ausgest.? |
| Aufrechtes Traubenkraut | Ambrosia | artemisiifolia | 2104 | neu, selten |
| Grossblättrige Schafgarbe | Achillea | macrophylla | 2109 | selten im Alpstein |
| Sumpf-Schafgarbe | – | ptarmica | 2110 | sehr selten |
| Hallers Schafgarbe | – | atrata | 2113 | im Alpstein |
| Gemeine Schafgarbe | – | millefolium | 2117 | |
| Bewimpertes Knopfkraut | Galinsoga | ciliata | 2123 | selten |
| Kleinblütiges Knopfkraut | – | parviflora | 2124 | selten |
| Strahlenlose Kamille | Matricaria | discoidea | 2126 | neu, seit etwa 1900 |
| Geruchlose Strandkamille | Tripleurospermum | perforatum | 2127 | seit etwa 1910 |
| Gemeiner Rainfarn | Tanacetum | vulgare | 2129 | ausgestorben |
| Margerite | Leucanthemum | vulgare | | |
| *Gemeine Margerite* | – | *vulgare* | *2133* | |
| *Berg-Margerite* | – | *adustum* | *2134* | |
| Hallers Margerite | – | halleri | 2138 | im Alpstein |
| Gewöhnliche Alpenmargerite | Leucanthemopsis | alpina | 2139 | im Alpstein, alpin |
| Gemeiner Beifuss | Artemisia | vulgaris | 2141 | |
| Verlot'scher Beifuss | – | verlotiorum | 2142 | selten |
| Alpenlattich | Homogyne | alpina | 2156 | |
| Weisse Pestwurz | Petasites | albus | 2157 | |
| Gemeine Pestwurz | – | hybridus | 2158 | |
| Alpen-Pestwurz | – | paradoxus | 2159 | |
| Huflattich | Tussilago | farfara | 2160 | |
| Arnika | Arnica | montana | 2161 | |
| Grossköpfige Gämswurz | Doronicum | grandiflorum | 2163 | im Alpstein |
| Clusius' Gämswurz | – | clusii | 2164 | |
| Kopfiges Greiskraut, Oranges K'Kr. | Senecio | capitatus | 2165 | selten im Alpstein |
| Alpen-Greiskraut | – | alpinus | 2169 | |

| | | | | |
|---|---|---|---|---|
| Fuchs' Greiskraut | Senecio | ovatus | 2171 | |
| Busch-Greiskraut | – | hercynicus | 2172 | |
| Gemeines Greiskraut | – | vulgaris | 2173 | |
| Klebriges Greiskraut | – | viscosus | 2174 | selten |
| Wald-Greiskraut | – | sylvaticus | 2175 | ausgestorben |
| Jakobs-Greiskraut | – | jacobaea | 2181 | |
| Raukenblättriges Greiskraut | – | erucifolius | 2182 | |
| Wasser-Greiskraut | – | aquaticus | 2183 | sehr selten |
| Wander-Greiskraut | – | erraticus | 2184 | sehr selten, neu |
| Eberreisblättriges Greiskraut | – | abrotanifolius | 2185 | sehr selten im Alpstein |
| Gämswurz-Greiskraut | – | doronicum | 2186 | im Alpstein, alpin |
| Golddistel | Carlina | vulgaris | 2193 | |
| Silberdistel | – | acaulis | 2196 | |
| Filzige Klette | Arctium | tomentosum | 2201 | sehr selten |
| Weissfilzige Alpenscharte | Saussurea | discolor | 2202 | selten im Alpstein |
| Kletten-Distel | Carduus | personata | 2207 | |
| Bergdistel | – | defloratus | 2209 | |
| Gemeine Kratzdistel | Cirsium | vulgare | 2214 | |
| Acker-Kratzdistel | – | arvense | 2215 | |
| Sumpf-Kratzdistel | – | palustre | 2217 | |
| Stängellose Kratzdistel | – | acaule | 2220 | |
| Bach-Kratzdistel | – | rivulare | 2221 | |
| Alpen-Kratzdistel | – | spinosissimum | 2223 | |
| Kohldistel | – | oleraceum | 2224 | |
| Alpen-Bergscharte | Stemmacantha | rhapontica | 2233 | ausgestorben |
| Berg-Flockenblume | Centaurea | montana | 2235 | |
| Skabiosen-Flockenblume | – | scabiosa | | |
| *Skabiosen-Flockenblume* | – | *ssp. scabiosa* | *2237* | |
| *Alpen-Flockenblume* | – | *ssp. alpestris* | *2238* | |
| Gewöhnl. Wiesen-Flockenblume | – | jacea ssp. jacea | 2250 | |
| Schwarze Flockenblume | – | nemoralis | 2253 | sehr selten |
| Schwärzliche Flockenblume | – | nigrescens | 2254 | sehr selten |
| Färberscharte | Serratula | tinctoria | 2255 | ausgestorben |
| Rainkohl | Lapsana | communis | 2258 | |
| Wegwarte | Cichorium | intybus | 2259 | |
| Wiesen-Ferkelkraut | Hypochaeris | radicata | 2261 | |
| Einköpfiges Ferkelkraut | – | uniflora | 2263 | im Alpstein, alpin |

| | | | | |
|---|---|---|---|---|
| Steifhaariges Milchkraut | Leontodon | hispidus | | |
| *Steifhaariges Milchkraut* | – | *ssp. hispidus* | *2265* | |
| *Hainlattichblättriges Milchkraut* | – | *ssp. hyoseroides* | *2266* | |
| *Langstängeliges Milchkraut* | – | *ssp. hastilis* | *2267* | |
| *Fettes Milchkraut* | – | *ssp. opimus* | *2268* | |
| *Krausblättriges Milchkraut* | – | *ssp. pseudocrispus* | *2269* | *Verbreitung unklar* |
| Schweizer Milchkraut | – | helveticus | 2271 | |
| Berg-Milchkraut | – | montanus | 2272 | im Alpstein, alpin |
| Graues Milchkraut | – | incanus | 2273 | im Alpstein |
| Herbst-Milchkraut | – | autumnalis | 2275 | |
| Kronlattich | Calycocorsus | stipitatus | 2278 | |
| Bitterkraut | Picris | hieracioides | 2279 | selten |
| Wiesen-Bocksbart, Habermark | Tragopogon | pratensis ssp. orientalis | 2281 | |
| Kleine Schwarzwurzel | Scorzonera | humilis | 2290 | |
| Löwenzahn | Taraxacum | officinale | | |
| *Sumpf-Löwenzahn* | – | *palustre* | *2293* | |
| *Gebräuchlicher Löwenzahn* | – | *officinale* | *2294* | |
| *Schröters Löwenzahn* | – | *schroeterianum* | *2295* | *im Alpstein* |
| *Alpen-Löwenzahn* | – | *alpinum* | *2297* | |
| *Kapuzen-Löwenzahn* | – | *cucullatum* | *2301* | *im Alpstein, alpin* |
| Mauerlattich | Mycelis | muralis | 2304 | |
| Alpen-Milchlattich | Cicerbita | alpina | 2305 | |
| Hasenlattich | Prenanthes | purpurea | 2308 | |
| Kohl-Gänsedistel | Sonchus | oleraceus | 2309 | |
| Rauhe Gänsedistel | – | asper | 2310 | |
| Acker-Gänsedistel | – | arvensis | 2311 | |
| Gold-Pippau | Crepis | aurea | 2319 | |
| Triglav-Pippau | – | terglouensis | 2321 | im Alpstein, alpin |
| Berg-Pippau | – | bocconei | 2325 | im Alpstein |
| Alpen-Pippau | – | alpestris | 2326 | im Alpstein |
| Pyrenäen-Pippau | – | pyrenaica | 2331 | |
| Kleinköpfiger Pippau | – | capillaris | 2332 | |
| Weicher Pippau | – | mollis | 2334 | |
| Sumpf-Pippau | – | paludosa | 2335 | |
| Wiesen-Pippau | – | biennis | 2337 | |
| Grasnelkenblättriges Habichtskraut | Hieracium | staticifolium | 2343 | sehr selten |
| Langhaariges Habichtskraut | – | pilosella | 2345 | |

| | | | | |
|---|---|---|---|---|
| Hoppes Habichtskraut | Hieracium | hoppeanum | 2347 | |
| Öhrchen-Habichtskraut | – | lactucella | 2349 | |
| Orangerotes Habichtskraut | – | aurantiacum | 2352 | |
| Florentiner Habichtskraut | – | piloselloides | 2353 | sehr selten |
| Rasiges Habichtskraut | – | caespitosum | 2356 | ausgestorben |
| Wald-Habichtskraut | – | murorum | 2357 | |
| Gemeines Habichtskraut | – | lachenalii | 2358 | |
| Gabeliges Habichtskraut | – | bifidum | 2359 | |
| Alpen-Habichtskraut | – | alpinum | 2362 | im Alpstein |
| Drüsiges Habichtskraut | – | glanduliferum | 2364 | sehr selten im Alpstein |
| Zottiges Habichtskraut | – | villosum | 2365 | |
| Moris' Habichtskraut | – | pilosum | 2366 | selten |
| Hasenohr-Habichtskraut | – | bupleuroides | 2367 | |
| Blaugrünes Habichtskraut | – | glaucum | 2368 | ausgestorben |
| Stängelumfassendes Habichtskraut | – | amplexicaule | 2369 | |
| Niedriges Habichtskraut | – | humile | 2370 | im Alpstein |
| Hasenlattichartiges Habichtskraut | – | prenanthoides | 2372 | |
| Doldiges Habichtskraut | – | umbellatum | 2373 | |
| Glattes Habichtskraut | – | laevigatum | 2374 | sehr selten |
| Savoyer Habichtskraut | – | sabaudum | 2375 | sehr selten |

### FAMILIE FROSCHLÖFFELGEWÄCHSE (Alismataceae)

| | | | | |
|---|---|---|---|---|
| Gemeiner Froschlöffel | Alisma | plantago-aquatica | 2377 | selten |
| Breitblättriges Pfeilkraut | Sagittaria | latifolia | 2382 | selten, adventiv |

### FAMILIE FROSCHBISSGEWÄCHSE (Hydrocharitaceae)

| | | | | |
|---|---|---|---|---|
| Gemeine Wasserpest | Elodea | canadensis | 2385 | selten |
| Froschbiss | Hydrocharis | morsus-ranae | 2389 | sehr selten |

### FAMILIE BLUMENBINSENGEWÄCHSE (Scheuchzeriaceae)

| | | | | |
|---|---|---|---|---|
| Blumenbinse | Scheuchzeria | palustris | 2391 | sehr selten |

### FAMILIE DREIZACKGEWÄCHSE (Juncaginaceae)

| | | | | |
|---|---|---|---|---|
| Sumpf-Dreizack | Triglochin | palustris | 2392 | sehr selten |

### FAMILIE LAICHKRAUTGEWÄCHSE (Potamogetonaceae)

| | | | | |
|---|---|---|---|---|
| Schwimmendes Laichkraut | Potamogeton | natans | 2394 | sehr selten |
| Krauses Laichkraut | – | crispus | 2398 | selten |
| Alpen-Laichkraut | – | alpinus | 2399 | sehr selten |

| | | | | |
|---|---|---|---|---|
| Glänzendes Laichkraut | Potamogeton | lucens | 2401 | ausgestorben |
| Kammförmiges Laichkraut | – | pectinatus | 2406 | sehr selten |
| Kleines Laichkraut | – | berchtoldii | 2409 | selten |

### FAMILIE ARONSTABGEWÄCHSE (Araceae)

| | | | | |
|---|---|---|---|---|
| Aronstab | Arum | maculatum | 2417 | selten |

### FAMILIE WASSERLINSENGEWÄCHSE (Lemnaceae)

| | | | | |
|---|---|---|---|---|
| Kleine Wasserlinse | Lemna | minor | 2423 | selten |

### FAMILIE BINSENGEWÄCHSE (Juncaceae)

| | | | | |
|---|---|---|---|---|
| Faden-Binse | Juncus | filiformis | 2429 | |
| Dreiblütige Binse | – | triglumis | 2431 | im Alpstein |
| Flatter-Binse | – | effusus | 2433 | |
| Knäuel-Binse | – | conglomeratus | 2434 | |
| Blaugrüne Binse | – | inflexus | 2435 | |
| Einblütige Binse | – | monanthos | 2438 | selten im Alpstein |
| Zarte Binse | – | tenuis | 2439 | |
| Zusammengedrückte Binse | – | compressus | 2440 | |
| Kröten-Binse | – | bufonius | 2441 | |
| Jacquins Binse | – | jacquinii | 2445 | selten im Alpstein, alpin |
| Glieder-Binse | – | articulatus | 2449 | |
| Alpen-Binse | – | alpinoarticulatus | 2450 | |
| Knötchen-Binse | – | subnodulosus | 2451 | selten |
| Spitzblütige Binse | – | acutiflorus | 2452 | selten |
| Behaarte Hainsimse | Luzula | pilosa | 2453 | |
| Gelbliche Hainsimse | – | luzulina | 2454 | |
| Weissliche Hainsimse | – | luzuloides | 2457 | selten |
| Schneeweisse Hainsimse | – | nivea | 2458 | sehr selten |
| Braune Hainsimse | – | alpinopilosa | 2459 | im Alpstein |
| Wald-Hainsimse | – | sylvatica | 2460 | |
| Vielblütige Hainsimse | – | multiflora | 2461 | |
| Feld-Hainsimse | – | campestris | 2462 | |
| Ährige Hainsimse | – | spicata | 2463 | im Alpstein, alpin |
| Sudeten-Hainsimse | – | sudetica | 2464 | |

### FAMILIE SAUERGRÄSER (Cyperaceae)

| | | | | |
|---|---|---|---|---|
| Scheidiges Wollgras | Eriophorum | vaginatum | 2473 | |

| | | | | |
|---|---|---|---|---|
| Scheuchzers Wollgras | Eriophorum | scheuchzeri | 2474 | selten |
| Breitblättriges Wollgras | – | latifolium | 2475 | |
| Schmalblättriges Wollgras | – | angustifolium | 2476 | |
| Rasige Haarbinse, Rasenbinse | Trichophorum | cespitosum | 2478 | |
| Alpen-Haarbinse | – | alpinum | 2479 | |
| Waldbinse | Scirpus | sylvaticus | 2481 | |
| See-Flechtbinse, Seebinse | Schoenoplectus | lacustris | 2485 | sehr selten |
| Moorbinse | Isolepis | setacea | 2491 | sehr selten |
| Quellbinse | Blysmus | compressus | 2492 | |
| Teichbinse | Eleocharis | palustris | | |
| *Gewöhnliche Teichbinse* | – | *palustris* | *2493* | *selten* |
| *Österreicher Teichbinse* | – | *austriaca* | *2494* | *selten* |
| *Einspelzige Teichbinse* | – | *uniglumis* | *2496* | *selten* |
| *Fünfblütige Teichbinse* | – | *quinqueflora* | *2499* | |
| Rostrote Kopfbinse | Schoenus | ferrugineus | 2501 | sehr selten, evtl. ausg. |
| Schwärzliche Kopfbinse | – | nigricans | 2502 | sehr selten, evtl. ausg. |
| Weisse Schnabelbinse | Rhynchospora | alba | 2503 | ausgestorben |
| Nacktriedbinse | Elyna | myosuroides | 2505 | im Alpstein, alpin |
| Floh-Segge | Carex | pulicaris | 2507 | |
| Wenigblütige Segge | – | pauciflora | 2508 | |
| Davalls Segge | – | davalliana | 2509 | |
| Zweihäusige Segge | – | dioica | 2510 | |
| Spitzen-Segge | – | microglochin | 2511 | ausgestorben |
| Zittergras-Segge | – | brizoides | 2520 | sehr selten |
| Hain-Segge | – | otrubae | 2522 | ausgestorben |
| Fuchsfarbene Segge | – | vulpina | 2523 | ausgestorben |
| Rispen-Segge | – | paniculata | 2526 | |
| Draht-Segge | – | diandra | 2528 | |
| Stachelige Segge | – | muricata | | |
| *Gedrängtährige Segge* | – | *spicata* | *2529* | |
| *Pairas Segge* | – | *pairae* | *2530* | *selten im Alpstein* |
| *Unterbrochenährige Segge* | – | *divulsa* | *2532* | *sehr selten* |
| Lockerährige Segge | – | remota | 2533 | |
| Hasenpfoten-Segge | – | leporina | 2534 | |
| Langährige Segge | – | elongata | 2535 | sehr selten |
| Igelfrüchtige Segge | – | echinata | 2536 | |
| Torf-Segge | – | heleonastes | 2538 | sehr selten |

| Graue Segge | Carex | canescens | 2539 | |
|---|---|---|---|---|
| Bräunliche Segge | – | brunnescens | 2540 | sehr selten |
| Braune Segge | – | nigra | 2541 | |
| Steife Segge | – | elata | 2542 | |
| Schlanke Segge | – | acuta | 2544 | selten |
| Geschwärzte Segge | – | atrata ssp. atrata | 2549 | im Alpstein |
| Kleinblütige Segge | – | parviflora | 2551 | selten im Alpstein, alpin |
| Berg-Segge | – | montana | 2553 | |
| Pillentragende Segge | – | pilulifera | 2554 | |
| Schatten-Segge | – | umbrosa | 2555 | ausgestorben |
| Frühlings-Segge | – | caryophyllea | 2557 | |
| Heide-Segge | – | ericetorum | 2558 | ausgestorben |
| Bewimperte Segge | – | pilosa | 2560 | selten |
| Hängende Segge | – | pendula | 2561 | |
| Bleiche Segge | – | pallescens | 2562 | |
| Haarstielige Segge | – | capillaris | 2564 | |
| Schlamm-Segge | – | limosa | 2565 | selten im Alpstein |
| Schlaffe Segge | – | flacca | 2567 | |
| Hirsen-Segge | – | panicea | 2569 | |
| Weisse Segge | – | alba | 2571 | |
| Niedrige Segge | – | humilis | 2572 | selten |
| Gefingerte Segge | – | digitata | 2573 | |
| Vogelfuss-Segge | – | ornithopoda | 2574 | |
| Alpen-Vogelfuss-Segge | – | ornithopodioides | 2575 | im Alpstein, alpin |
| Stachelspitzige Segge | – | mucronata | 2576 | selten im Alpstein |
| Wald-Segge | – | sylvatica | 2577 | |
| Polster-Segge | – | firma | 2580 | |
| Rost-Segge | – | ferruginea | 2581 | im Alpstein |
| Horst-Segge | – | sempervirens | 2583 | im Alpstein, sonst ausg. |
| Behaarte Segge | – | hirta | 2585 | |
| Hosts Segge | – | hostiana | 2586 | |
| Langgliederige Segge | – | distans | 2587 | sehr selten |
| Gelbe Segge | | flava | | |
| *Gelbe Segge* | – | *flava* | *2589* | |
| *Kleinfrüchtige Segge* | – | *lepidocarpa* | *2590* | *selten* |
| *Oeders Segge* | – | *viridula / oederi* | *2591* | |
| *Niedergekrümmte Segge* | – | *demissa* | *2591a* | |

| | | | | |
|---|---|---|---|---|
| Schnabel-Segge | Carex | rostrata | 2593 | |
| Blasen-Segge | – | vesicaria | 2594 | sehr selten |
| Scharfkantige Segge | – | acutiformis | 2595 | ausgestorben |
| Kurzährige Segge | – | brachystachys | 2597 | |
| Behaartfrüchtige Segge | – | lasiocarpa | 2599 | selten |

## FAMILIE ECHTE GRÄSER (Poaceae)

| | | | | |
|---|---|---|---|---|
| Taube Trespe | Bromus | sterilis | 2602 | ausgestorben |
| Grannenlose Trespe | – | inermis | 2603 | neu, häufig angesät |
| Ästige Trespe | – | ramosus | 2605 | |
| Benekens Trespe | – | benekenii | 2606 | |
| Aufrechte Trespe | – | erectus | 2607 | |
| Roggen-Trespe | – | secalinus | 2609 | ausgestorben |
| Gersten-Trespe, Weiche Trespe | – | hordeaceus | 2612 | |
| Verwechselte Trespe | – | racemosus ssp. comm. | 2614 | ausgestorben |
| Schöner Schwingel | Festuca | pulchella | 2619 | im Alpstein |
| Wiesen-Schwingel | – | pratensis | 2621 | |
| Rohr-Schwingel | – | arundinacea | 2622 | |
| Niedriger Schwingel | – | quadriflora | 2623 | im Alpstein |
| Violetter Schwingel | – | violacea | 2625 | im Alpstein |
| Verschiedenblättriger Sch. | – | heterophylla | 2626 | selten |
| Amethystblauer Schwingel | – | amethystina | 2627 | selten |
| Rot-Schwingel | – | rubra | 2629 | |
| Alpen-Schwingel | – | alpina | 2630 | im Alpstein |
| Gämsen-Schwingel | – | rupicaprina | 2632 | im Alpstein |
| Schaf-Schwingel | – | ovina | | |
| *Echter Schafschwingel* | – | *ssp. ovina* | *2634* | *fraglich* |
| *Haar-Schafschwingel* | – | *ssp. tenuifolia* | *2635* | *selten* |
| *Blasser Schafschwingel* | – | *ssp. pallens* | *2636* | |
| Riesen-Schwingel | – | gigantea | 2637 | |
| Wald-Schwingel | – | altissima | 2638 | |
| Gemeines Zittergras | riza | media | 2639 | |
| Quellgras | Catabrosa | aquatica | 2640 | sehr selten |
| Faltiges Süssgras | Glyceria | notata | 2641 | |
| Flutendes Süssgras | – | fluitans | 2642 | |
| Wald-Zwenke | Brachypodium | sylvaticum | 2646 | |
| Felsen-Zwenke | – | rupestre | 2647 | selten |

| | | | | |
|---|---|---|---|---|
| Fieder-Zwenke | Brachypodium | pinnatum | 2648 | |
| Einjähriges Rispengras, Spitzgras | Poa | annua | 2651 | |
| Läger-Rispengras | – | supina | 2652 | |
| Mont-Cenis-Rispengras | – | cenisia | 2653 | im Alpstein |
| Alpen-Rispengras, Romeie | – | alpina | 2654 | |
| Kleines Rispengras | – | minor | 2657 | im Alpstein |
| Hain-Rispengras | – | nemoralis | 2659 | |
| Bastard-Rispengras | – | hybrida | 2661 | im Alpstein |
| Chaix' Rispengras | – | chaixii | 2662 | sehr selten |
| Entferntähriges Rispengras | – | remota | 2663 | selten |
| Gemeines Rispengras | – | trivialis | 2665 | |
| Wiesen-Rispengras | – | pratensis | | |
| *Wiesen-Rispengras* | *–* | *pratensis* | *2667* | |
| *Schmalblättriges Rispengras* | *–* | *angustifolia* | *2668* | |
| Platthalm-Rispengras | – | compressa | 2669 | |
| Aschersons Knäuelgras | Dactylis | polygama | 2673 | sehr selten |
| Gemeines Knäuelgras | – | glomerata | 2674 | |
| Gemeines Kammgras | Cynosurus | cristatus | 2675 | |
| Nickendes Perlgras | Melica | nutans | 2679 | |
| Blaugras | Sesleria | caerulea | 2681 | |
| Haargerste | Hordelymus | europaeus | 2684 | |
| Kriechende Quecke | Agropyron | repens | 2685 | |
| Hunds-Quecke | – | caninum | 2687 | |
| Englisches Raygras | olium | perenne | 2689 | |
| Italienisches Raygras | – | multiflorum | 2690 | |
| Taumel-Lolch | – | temulentum | 2691 | ausgestorben |
| Blaues Pfeifengras | Molinia | caerulea | 2695 | |
| Strand-Pfeifengras | – | arundinacea | 2696 | |
| Schilf | Phragmites | australis | 2716 | |
| Kleines Liebesgras | Eragrostis | minor | 2717 | sehr selten |
| Borstgras | Nardus | stricta | 2724 | |
| Wolliges Honiggras | Holcus | lanatus | 2727 | |
| Weiches Honiggras | – | mollis | 2728 | |
| Draht-Schmiele, Wald-Schmiele | Avenella | flexuosa | 2733 | |
| Rasen-Schmiele | Deschampsia | caespitosa | 2734 | |
| Frz. Raygras, Fromental, Glatthafer | Arrhenatherum | elatius | 2736 | |
| Goldhafer | Trisetum | flavescens | 2737 | |

| | | | | |
|---|---|---|---|---|
| Ähriger Grannenhafer | Trisetum | spicatum | 2738 | selten im Alpstein, alpin |
| Zweizeiliger Grannenhafer | – | distichophyllum | 2739 | im Alpstein |
| Flug-Hafer | Avena | fatua | 2744 | ausgestorben |
| Flaum-Wiesenhafer | Helictotrichon | pubescens | 2746 | |
| Bunter Wiesenhafer | – | versicolor | 2748 | im Alpstein |
| Dreizahn | Danthonia | decumbens | 2749 | |
| Pyramiden- Kammschmiele | Koeleria | pyramidata | 2753 | selten |
| Haar-Straussgras | Agrostis | capillaris | 2757 | |
| Sumpf-Straussgras | – | canina | 2758 | |
| Kriechendes Straussgras | – | stolonifera | 2759 | |
| Riesen-Straussgras | – | gigantea | 2760 | sehr selten |
| Felsen-Straussgras | – | rupestris | 2761 | im Alpstein |
| Alpen-Straussgras | – | alpina | 2762 | |
| Schleichers Straussgras | – | schleicheri | 2763 | |
| Zartes Straussgras | – | schraderiana | 2764 | im Alpstein |
| Waldhirse | Milium | effusum | 2767 | |
| Buntes Reitgras | Calamagrostis | varia | 2769 | |
| Land-Reitgras, Gemeines Reitgras | – | epigejos | 2771 | |
| Wolliges Reitgras | – | villosa | 2773 | im Alpstein |
| Wiesen-Lieschgras | Phleum | pratense | 2777 | |
| Alpen-Lieschgras | – | alpinum | | |
| *Kopfiges Alpen-Lieschgras* | – | *alpinum* | *2779* | |
| *Rätisches Alpen-Lieschgras* | – | *rhaeticum* | *2780* | |
| Behaartes Lieschgras | – | hirsutum | 2781 | im Alpstein |
| Wiesen-Fuchsschwanz | Alopecurus | pratensis | 2784 | |
| Acker-Fuchsschwanz | – | myosuroides | 2785 | sehr selten |
| Kurzgranniger Fuchsschwanz | – | aequalis | 2788 | sehr selten im Alpstein |
| Rauhgras | Achnatherum | calamagrostis | 2792 | |
| Gemeines Ruchgras | Anthoxanthum | odoratum | 2795 | |
| Alpen-Ruchgras | – | alpinum | 2796 | |
| Wilder Reis | Leersia | oryzoides | 2798 | ausgestorben ? |
| Bluthirse | Digitaria | sanguinalis | 2799 | sehr selten |
| Fadenhirse | – | ischaemum | 2800 | sehr selten |
| Hühnerhirse | Echinochloa | crus-galli | 2804 | selten |
| Rohr-Glanzgras | Phalaris | arundinacea | 2807 | |
| Kanariengras | – | canariensis | 2808 | ausgestorben |
| Grüne Borstenhirse | Setaria | viridis | 2809 | selten |

| Graugrüne Borstenhirse | Setaria | pumila | 2810 | selten |
|---|---|---|---|---|

## FAMILIE IGELKOLBENGEWÄCHSE (Sparganiaceae)

| Einfacher Igelkolben | Sparganium | emersum | 2822 | ausgestorben |
|---|---|---|---|---|
| Ästiger Igelkolben | – | erectum | 2823 | |

## FAMILIE ROHRKOLBENGEWÄCHSE (Typhaceae)

| Breitblättriger Rohrkolben | Typha | latifolia | 2827 | |
|---|---|---|---|---|
| Shuttleworths Rohrkolben | – | shuttleworthii | 2828 | ausgestorben |

## FAMILIE LILIENGEWÄCHSE (Liliaceae)

| Maiglöckchen | Convallaria | majalis | 2832 | |
|---|---|---|---|---|
| Kelch-Liliensimse | Tofieldia | calyculata | 2833 | |
| Weisser Germer | Veratrum | album | | |
| *Gewöhnlicher Germer* | – | *ssp. lobelianum* | *2837* | |
| *Weisser Germer* | – | *ssp. album* | *2838* | |
| Herbst-Zeitlose | Colchicum | autumnale | 2841 | |
| Ästige Graslilie | Anthericum | ramosum | 2846 | |
| Wald-Gelbstern | Gagea | lutea | 2849 | selten |
| Faltenlilie | Lloydia | serotina | 2855 | im Alpstein |
| Kugelköpfiger Lauch | Allium | sphaerocephalon | 2858 | selten im Alpstein |
| Berg-Lauch | – | lusitanicum | 2861 | im Alpstein |
| Kantiger Lauch | – | angulosum | 2864 | ausgestorben |
| Gekielter Lauch | – | carinatum | 2865 | selten |
| Ross-Lauch | – | oleraceum | 2867 | selten |
| Schnittlauch | – | schoenoprasum | 2868 | |
| Allermannsharnisch | – | victorialis | 2869 | im Alpstein |
| Bärlauch | – | ursinum | 2870 | |
| Orangerote Feuerlilie | Lilium | bulbiferum ssp. croc. | 2877 | im Alpstein |
| Türkenbund | – | martagon | 2879 | |
| Vierblättrige Einbeere | Paris | quadrifolia | 2880 | |
| Zweiblättrige Schattenblume | Maianthemum | bifolium | 2898 | |
| Knotenfuss | Streptopus | amplexifolius | 2901 | im Alpstein |
| Quirlblättriges Salomonssiegel | Polygonatum | verticillatum | 2902 | |
| Vielblütiges Salomonssiegel | – | multiflorum | 2903 | |
| Echtes Salomonssiegel | – | odoratum | 2904 | |

## FAMILIE NARZISSENGEWÄCHSE (AMARYLLIDACEAE)

| Osterglocke | Narcissus | pseudonarcissus | 2909 | s., alter Gartenflüchtling |
|---|---|---|---|---|

| | | | | |
|---|---|---|---|---|
| Märzenglöckchen | Leucojum | vernum | 2911 | |
| Schneeglöckchen | Galanthus | nivalis | 2913 | s., alter Gartenflüchtling |

## FAMILIE SCHWERTLILIENGEWÄCHSE (Iridaceae)

| | | | | |
|---|---|---|---|---|
| Frühlings-Krokus | Crocus | albiflorus | 2914 | |
| Gelbe Schwertlilie | Iris | pseudacorus | 2923 | selten |
| Deutsche Schwertlilie | – | x germanica | 2925 | selten |
| Grasschwertlilie | Sisyrinchium | montanum | 2930 | neu, selten |

## FAMILIE ORCHIDEEN (Orchidaceae)

| | | | | |
|---|---|---|---|---|
| Frauenschuh | Cypripedium | calceolus | 2933 | |
| Rotes Waldvögelein | Cephalanthera | rubra | 2934 | |
| Weisses Waldvögelein | – | damasonium | 2935 | |
| Langblättriges Waldvögelein | – | longifolia | 2936 | |
| Braunrote Sumpfwurz | Epipactis | atrorubens | 2937 | |
| Weisse Sumpfwurz | – | palustris | 2939 | |
| Breitblättrige Sumpfwurz | – | helleborine | 2941 | |
| Grüne Hohlzunge | Coeloglossum | viride | 2944 | |
| Nestwurz | Neottia | nidus-avis | 2946 | |
| Widerbart | Epipogium | aphyllum | 2947 | ausgestorben |
| Korallenwurz | Corallorhiza | trifida | 2948 | |
| Grosses Zweiblatt | Listera | ovata | 2949 | |
| Kleines Zweiblatt | – | cordata | 2950 | sehr selten |
| Sommer-Wendelähre | Spiranthes | aestivalis | 2951 | ausgestorben |
| Herbst-Wendelähre | – | spiralis | 2952 | sehr selten, ausgest. ? |
| Moosorchis | Goodyera | repens | 2953 | ausgestorben |
| Zwergorchis | Chamorchis | alpina | 2954 | im Alpstein |
| Weisses Breitkölbchen | Platanthera | bifolia | 2955 | |
| Grünliches Breitkölbchen | – | chlorantha | 2956 | |
| Langspornige Handwurz | Gymnadenia | conopsea | 2957 | |
| Wohlriechende Handwurz | – | odoratissima | 2958 | |
| Weisszunge | Pseudorchis | albida | 2959 | |
| Schwarzes Männertreu | Nigritella | nigra | 2961 | im Alpstein, sonst ausg. |
| Rotes Männertreu | – | rubra | 2962 | selten im Alpstein |
| Einorchis | Herminium | monorchis | 2963 | selten |
| Bienen-Ragwurz | Ophrys | apifera | 2965 | ausgestorben |
| Fliegen-Ragwurz | – | insectifera | 2971 | selten |

| | | | |
|---|---|---|---|
| Geflecktes Knabenkraut | Dactylorhiza | maculata | |
| *Geflecktes Knabenkraut* | – | *maculata* | *2973* |
| *Fuchs' Knabenkraut* | – | *fuchsii* | *2974* |
| Breitblättriges Knabenkraut | – | majalis | 2975 |
| Traunsteiners Knabenkraut | – | traunsteineri | 2977 |
| Fleischrotes Knabenkraut | – | incarnata | 2979 |
| Kleines Knabenkraut | Orchis | morio | 2982 |
| Schwärzliches Knabenkraut | – | ustulata | 2984 |
| Purpur-Knabenkraut | – | purpurea | 2986 | ausgestorben |
| Helm-Knabenkraut | – | militaris | 2987 | ausgestorben |
| Blasses Knabenkraut | – | pallens | 2989 | sehr selten |
| Männliches Knabenkraut | – | mascula | 2991 |
| Kugelorchis | Traunsteinera | globosa | 2996 |

# Register der Gattungsnamen

Die Nummern entsprechen der «Liste aller Pflanzen»
f = eine zweite, ff = mehrere Arten nach dieser Nummer

| | | | |
|---|---|---|---|
| Erika | 795 | | 53, 88, 190 |
| Erle | 257 | ff | 184 |
| Esche | 1729 | | 37, 40, 116, 122, 124, 154 |
| Esparsette | 1193 | f | 84, 195 |
| Espe | 601 | | 175, 188 |
| Fadenhirse | 2800 | | 216 |
| Faltenlilie | 2855 | | 217 |
| Färberscharte | 2255 | | 208 |
| Faulbaum | 1341 | | 54, 197 |
| Felsenblümchen | 694 | ff | 22, 94, 118, 189 |
| Felsenmispel | 1056 | | 194 |
| Ferkelkraut | 2261 | f | 173, 208 |
| Fettblatt | 1877 | f | 47, 73, 93, 120, 173, 204 |
| Fettkraut | 857 | ff | 30, 191 |
| Feuerlilie | 2877 | | 32, 217 |
| Fichte | 88 | | 23, 34, 35, 40, 47, 112, 181 |
| Fichtenspargel | 799 | f | 150, 190 |
| Fieberklee | 1501 | | 70, 71, 166, 199 |
| Fingerhut | 1774 | | 202 |
| Fingerkraut | 941 | ff | 92, 94, 104, 192, 193 |
| Flachbärlapp | 5 | f | 31, 92, 93, 180 |
| Flechtbinse | 2485 | | 212 |
| Flockenblume | 2235 | ff | 163, 172, 173, 208 |
| Flohkraut | 2075 | | 207 |
| Flühblümchen | 813 | | 92, 191 |
| Föhre | 91 | ff | 34, 37, 40, 42, 47, 48, 92, 172, 182 |
| Frauenmantel | 985 | ff | 62, 65, 84, 87, 90, 122, 126, 193 |
| Frauenschuh | 2933 | | 43, 44, 163, 164, 165, 218 |
| Friedlos | 846 | | 191 |
| Fromental | 2736 | | siehe Raygras |
| Froschbiss | 2389 | | 210 |
| Froschlöffel | 2377 | | 69, 210 |
| Fuchsschwanz | 2784 | ff | 64, 216 |
| Gamander | 1625 | ff | 201, 202, 203 |
| Gämskresse | 719 | | 94, 189 |
| Gämswurz | 2163 | f | 13, 94, 132, 207, 208 |
| Gänseblümchen | 2034 | | siehe Massliebchen |

| | | | |
|---|---|---|---|
| Nieswurz | 118 | | 138, 182 |
| Odermennig | 927 | f | 192 |
| Osterglocke | 2909 | | 163, 174, 217 |
| Pappel | 601 | f | 40, 188 |
| Pastinak | 1488 | | 199 |
| Perlgras | 2679 | | 215 |
| Pestwurz | 2157 | ff | 43, 78, 132, 140, 150, 170, 172, 203, 207 |
| Pfaffenhütchen | 1331 | f | 54, 197 |
| Pfeifengras | 2695 | f | 73, 215 |
| Pfeilkraut | 2382 | | 69, 210 |
| Pfeilkresse | 753 | | 189 |
| Pfennigkraut | 845 | | 71, 191 |
| Pimpernuss | 850 | | 53, 191 |
| Pippau | 2319 | ff | 62, 65, 86, 87, 89, 90, 93, 96, 98, 209 |
| Platterbse | 1229 | ff | 195 |
| Polsternelke | 425 | | 92, 96, 163, 185 |
| Preiselbeere | 789 | | 47, 48, 88, 172, 190 |
| Primel | 815 | ff | 47, 49, 73, 81, 104, 172, 173, 191 |
| Quecke | 2685 | f | 63, 174, 215 |
| Quellbinse | 2492 | | 212 |
| Quellgras | 2640 | | 69, 214 |
| Ragwurz | 2965 | f | 66, 132, 218 |
| Rainfarn | 2129 | | 207 |
| Rainkohl | 2258 | | 208 |
| Rampe | 765 | f | 190 |
| Rapunzel | 1917 | ff | 66, 84, 171, 204 |
| Rasenbinse | 2478 | | siehe Haarbinse |
| Rauhgras | 2792 | | 216 |
| Rauke | 606 | | 188 |
| Raygras | 2689 | f / 2736 | 62, 63, 64, 68, 215 |
| Reis | 2798 | | 29, 69, 216 |
| Reitgras | 2769 | ff | 48, 216 |
| Reseda | 775 | | 190 |
| Rettich | 771 | | 190 |
| Rindsauge | 2085 | | 207 |
| Rippenfarn | 81 | | 37, 43, 181 |
| Rippensame | 1430 | | 198 |

# Literaturverzeichnis

### Frühere Publikationen zur Appenzeller Flora

BÄCHLER, Emil (1908): Pflanzenwelt (Alpenflora). In G. Lüthi und C. Egloff: Säntis-Gebiet. – St.Gallen.

FROELICH, C. Fr. (1850): Botanische Spaziergänge im Kanton Appenzell. – Trogen.

FROHNE, Renate/WIDMER, Rudolf (1989): Die appenzellische Flora in der «Flora Helvetica» von Jean Gaudin (1833). – Trogen.

DIETL, Walter (1982): Schafweiden im Alpsteingebiet. – ETH Zürich.

HANTKE, R. und SEITTER H. (1985): Vermochten an nie vereisten Lagen im Alpstein jüngsttertiäre Florenrelikte die Eiszeiten zu überdauern? – Im Jahrbuch der St.Gallischen Naturwissenschaftlichen Gesellschaft.

HEYER, August (1929): Die Pflanzenwelt. In «Die Gemeinde Herisau». – Herisau.

KOLLER, Albert (ohne Jahresangabe): Beiträge zur Kenntnis der Flora des Kantons Appenzell I. Rh. – Schreibmaschinen-Kopie an der Universität Zürich. Original unbekannt.

REGLI, E. (1952): Flora. In Poststrassen im Appenzellerland – Bern: PTT.

RÜSCH, G. (1835): Gemälde der Schweiz, Band 13: Der Kanton Appenzell. (Seiten 38–42). – St.Gallen und Bern.

SCHMID, H. (1904): Alpenpflanzen im Gäbrisgebiete und in der Umgebung der Stadt St.Gallen. – Jahrbuch der SG Nat. Wiss. Ges. 1905.

SCHMID, H. (1906): Wodurch unterscheidet sich die Alpenflora des Kronberggebietes von derjenigen des Gäbrisgebietes? – Jahrbuch der SG Nat. Wiss. Ges. 1907.

STADLER, Franz und WIDMER, Rudolf (1997): Bewirtschaftung der Alpen der Stiftung Pro Appenzell unter besonderer Berücksichtigung von Standortqualität und Artenvielfalt. Noch unveröffentlicht.

WANNER, Stephan (1894): Das Appenzellerland. Kleine geographisch-naturhistorische Beschreibung. – St.Gallen.

WIDMER, Rudolf (1966 / 1975): Die Pflanzenwelt des Appenzellerlandes. – Herisau.

WIDMER, Rudolf (1994): Die Pflanzenwelt des Bodenseeraums im Wandel der Zeiten. In MAURER, H. (Hrsg.): Umweltwandel am Bodensee. – UKV Konstanz.

WIDMER, Rudolf (1995): Von Heilkräutern. In Irniger (Hrsg.): Kräuter und Kräfte, Heilen im Appenzellerland. – Herisau

# Verwendete und weiterführende Literatur

AESCHIMANN, David/HEITZ, Christian (1996): Synonymie-Index der Schweizer Flora. - Genève.

BINZ, August/HEITZ, Christian (1990): Schul- und Exkursionsflora für die Schweiz. 19. Auflage. – Basel.

BURGA, A. Conradin/PERRET, Roger (1998): Vegetation und Klima der Schweiz seit dem jüngsten Eiszeitalter. – Thun.

DIETL, Walter (1990): Alpweiden naturgemäss nutzen. – Landfreund Nr. 11.

DIETL W., LEHMANN J., JORQUERA M. (1998): Wiesengräser. – Zollikofen.

DÜLL, R. & KUTZELNIGG, H. (1994): Botanisch-ökologisches Exkursionstaschenbuch. 5. Auflage. – Heidelberg.

ELLENBERG, Heinz (1986): Vegetation Mitteleuropas mit den Alpen. 4. Auflage. – Stuttgart.

FUCHS P. Ferdinand (1977): Bauernarbeit in Appenzell Innerrhoden. – Basel.

GAUDIN, I. (1828 ff.): Flora Helvetica, 7 Bände. – Zürich.

HARBORNE, Jeffrey B. (1995): Ökologische Biochemie. – Heidelberg.

HEGI, Gustav (1906 ff. bis heute): Illustrierte Flora von Mitteleuropa; ursprünglich 7, z.Zt. 13 Bände. 1.–3. Aufl. – München, Berlin und Hamburg.

LANDOLT, Elias (1992): Unsere Alpenflora. (6. Aufl.). – Stuttgart.

LAUBER, Konrad/WAGNER, Gerhart (1996): Flora Helvetica. – Bern.

MÜLLER, P. (1977): Verbreitungsbiologie der Blütenpflanzen. – Zürich.

OZENDA, Paul (1988): Die Vegetation der Alpen (aus dem Französischen übersetzt). – Stuttgart.

SCHINZ, H. und KELLER, R. (1923): Flora der Schweiz, 4. Aufl. – Zürich.

SCHMEIL, Otto (1906): Lehrbuch der Botanik, 15. Aufl. – Stuttgart.

SCHRÖTER, Carl (1928): Pflanzenleben der Alpen. – Zürich

SEITTER, Heinrich (1989): Flora der Kantone St.Gallen und beider Appenzell, 2 Bände. – St.Gallen.

SUTER, Joh. Rudolf (1822): Helvetiens Flora, 2 Bändchen. – Zürich.

STRASBURGER, E. (Begründer) (1998): Lehrbuch der Botanik; 34. Auflage. – Stuttgart.

WARTMANN, B. (1874): Beiträge zur St.Gallischen Volksbotanik (Herrn Dr. Friedrich v. Tschudi gewidmet). – St.Gallen.

WARTMANN, B. & SCHLATTER, TH. (1888): Kritische Übersicht über die Gefässpflanzen der Kantone St.Gallen und Appenzell. – St.Gallen.

**Karten**

Geologischer Atlas der Schweiz 1:25 000,
    Blatt 1115 Säntis. 1982.
Geologischer Atlas der Schweiz 1:25 000,
    St.Gallen-Appenzell. 1949.
Landeskarte der Schweiz 1:25 000,
    Blätter 1075, 1076, 1094, 1095, 1114, 1115.

## Dank

Wertvolle Hinweise haben mir vermittelt: Albert Egger, Flawil; Peter Ettlinger, Stein; Ruth Frischknecht, Speicher; Stefan Sonderegger, Heiden; Hans Sprecher, Wald; Peter Raschle, Appenzell; Alfred Stricker, Stein; Sibylle Wegelin, Teufen. – Helen Bleuler, Teufen, Jerôme Brugger, St.Gallen, und Yves Scherrer, Grub, alle aus der Maturaklasse der Kantonsschule Trogen, haben das Manuskript nach «langweiligen» und unklaren Stellen durchsucht und sprachliche Verbesserungen vorgeschlagen. Ich danke allen hier nochmals herzlich.

Besonders dankbar bin ich meinem ehemaligen Biologielehrer Kurt Aulich und dem früheren Leiter des Botanischen Gartens St.Gallen, Robert Göldi, Mitgliedern des Botanischen Zirkels St. Gallen und vielen Lehrerkolleginnen und -kollegen. Sie haben mich im Verlaufe der Jahre auf Besonderheiten aufmerksam gemacht, auf die ich vielleicht nie gestossen wäre.

Die Bertold-Suhner-Stiftung in Herisau mit ihrem Präsidenten Dr. Rudolf Reutlinger und die Appenzellische Naturwissenschaftliche Gesellschaft mit ihrem Präsidenten Richard Kunz haben mit Beiträgen den Verkaufspreis des Buches reduziert. Auch dafür danke ich. Mit Bertold Suhner durfte ich vor Jahren an einigen gemeinsamen Ausflügen engagiert über die Natur und deren Schutzbedürftigkeit diskutieren.

Ich danke dem Appenzeller Verlag für die gute Betreuung und die sorgfältige Gestaltung des Buches.

## Rudolf Widmer

1933 geboren und aufgewachsen in St.Gallen. 1956 bis 1960 Sekundarlehrer phil. II in Herisau.1960 bis 1968 zusammen mit seiner Frau Konviktleiter an der Kantonsschule Trogen mit einem Teilpensum für Mathematik und Biologie an den unteren Klassen; später Biologielehrer an der Handelsmittelschule und am Gymnasium. In der Erwachsenenbildung Exkursions- und Kursleiter für Botanik. Langjähriger Präsident der Stiftung «Pro Appenzell» und Mitglied der Ausserrhoder Gesundheitskommission.